STEPHAN SIGG

NÄCHTE LANG UND MEILEN WEIT

Was Freundschaft ausmacht

Tyrolia-Verlag
Innsbruck-Wien

Ein leit ung

Freundschaft

Ein Nachmittag wie eine Minute, der Bauch tut weh vor lauter Lachen, egal, ob heißer Sommertag oder bitterkalter Winterabend, egal, ob zuhause in deinem Zimmer oder am Stadtrand auf dem Skaterplatz. Und wenn ihr dann reinspringt ins kühle Nass oder mit den Rädern den Hügel hinuntersaust, kreischt ihr gemeinsam laut: „Einfach phänomenal, mit Freunden zusammen zu sein!"

Hast du sie schon gefunden – die beste Freundin, den treuesten Gefährten, deinen „Lieblingsmenschen"? Oder bist du noch auf der Suche nach Menschen, die genauso denken wie du, die dich blind verstehen und mit dir durch dick und dünn gehen? Freundschaft ist das Beste, „das es gibt auf der Welt", heißt es in einem Song. Aber warum? Was macht denn Freundschaft aus und worauf kommt es dabei an? Das alles und noch viel mehr erfährst du in diesem Buch. Es hilft dir, deine Mitstreiter und dich besser kennenzulernen.

Ich wünsche dir, dass du immer wieder nächtelang und meilenweit mit deinen Freunden unterwegs bist und du mit ihnen an deiner Seite das Leben und die Welt entdeckst!

Stephan Sigg

Inhalt

1

Kapitel 1 > Seite 6
Freunde findest du ohne Casting!

Kapitel 2 > Seite 22 **2**
Freundschaft reicht meilenweit

3 **Kapitel 3 > Seite 36**
Besser zu zweit, zu dritt, zu viert ... als allein

Kapitel 4 > Seite 52 **4**
Im Schatten des Freundes stehen

5 **Kapitel 5 > Seite 68**
Ein Streit ist nicht das Ende

Kapitel 6 > Seite 84 **6**
In guten und schlechten Zeiten

7 **Kapitel 7 > Seite 104**
Freundschaft baut Brücken

Kapitel 8 > Seite 116 **8**
Das beste Geschenk

Freunde findest du ohne Casting!

Hey, liebe Zuschauerinnen, liebe Zuschauer, willkommen bei der ersten Casting-Runde: Jennifer sucht neue Freundinnen. (Applaus, Applaus!) 100 Teilnehmerinnen haben sich beworben, nur drei werden übrig bleiben. In den kommenden Sendungen fliegen einige Kandidatinnen raus. Begleiten Sie mit uns Jennifer auf der Suche nach ihren neuen Super-Freundinnen! (Applaus, Applaus!) In einem sind wir uns doch einig: Es wäre reine Zeitverschwendung, mit den falschen Freundinnen befreundet zu sein! Aber legen wir doch gleich los mit der ersten Herausforderung für die Teilnehmerinnen.

Sänger, Models, Traumfrauen

Fast alles wurde schon in Castingshows gesucht, aber noch nie gab es eine Castingshow, die den „Super-Freund" finden wollte. Das wäre wohl eine ziemlich absurde Angelegenheit: Würdest du gerne jemanden zum Freund haben, der durch ein Casting für dich gefunden wurde? Oder wärst du selber bereit, an einem Casting teilzunehmen? Nach welchen Kriterien sollte man denn die anderen beurteilen? Humor, Herkunft, Hobbys, Köpfchen?

Kurzer Zwischenstopp in deinem Kopf: Wie und wo hast du deine Freunde bisher kennen gelernt? Lass die Videoplaylist ablaufen: ▶ Sandkasten ▶ Kindergarten ▶ Schule ▶ Nachbarschaft ▶ Verein ▶ Stopp!

Zu welchen Resultaten kommst du? Gute Gefährten lassen sich nicht „suchen" wie ein passendes T-Shirt im Kleidergeschäft. Freunde lassen sich auch nicht in einem Katalog auswählen. Und man kann sie auch nicht nach Wunsch zusammenstellen wie das Menü in einem Fastfood-Lokal, das man dann gleich in zwei Minuten auf dem Tablett serviert bekommt: „Ich hätte gerne einmal …" Leute, die einem etwas bedeuten, fliegen einem meistens zu. Es lohnt sich aber nicht, an der Bushaltestelle oder vor dem Kino zu warten … und zu hoffen, dass der beste Freund schon irgendwann auftaucht. Und vielleicht trifft das auch auf viele deiner Freunde zu: Selten weiß man schon bei der ersten Begegnung: „Der und ich – wir werden jetzt super Freunde!" Eher ist das Gegenteil der Fall: Wie sieht der denn aus? Was trägt denn die für Klamotten? Was, die ist Fan von …? Die ist zum Gähnen, mit der kann man nichts Aufregendes erleben. Der wirkt so etwas von ernst auf mich, weiß der überhaupt wie Lachen geht? Oh nein, ein Fußballer, mit dem kann man eh kein gescheites Gespräch führen …

Oft braucht es etwas Zeit, bis man sich kennenlernt. Eine Freundschaft ist keine Sache für fünf Tage. Oder wer würde schon auf die Idee kommen, jemanden als „Freund" zu bezeichnen, wenn man ihn erst einmal gesehen hat? Eine Freundschaft entsteht über längere Zeit: Man lernt sich langsam kennen, erfährt immer mehr über den anderen, trifft sich ab und zu und plötzlich – man merkt es nicht einmal – verbringt

man immer mehr Zeit miteinander und stellt fest: Auf die kann ich mich echt immer verlassen! Mit ihm wird mir nie langweilig! Mit ihr verstehe ich mich blind! Natürlich: Manche Menschen sind einem schon bei der ersten Begegnung sympathisch, man spürt: „Die denkt wie ich!" oder „Mit dem könnte ich die ganze Nacht gamen!" Doch auch hier zeigt sich erst nach einer gewissen Zeit, wie gut ihr tatsächlich als Freunde zusammenpasst. Es wäre also ziemlich absurd, mit unbekannten Personen einfach ein paar Tests durchzuführen, um am Ende anhand der Resultate zu wissen, ob sie das Zeug zur „wichtigsten Person in meinem Leben" haben oder nicht.

Hast du alle Anhänger eurer Bande schon mal ganz genau angeschaut? Damit sind jetzt nicht euer Styling oder eure Körperform gemeint, sondern was in euch drin steckt:

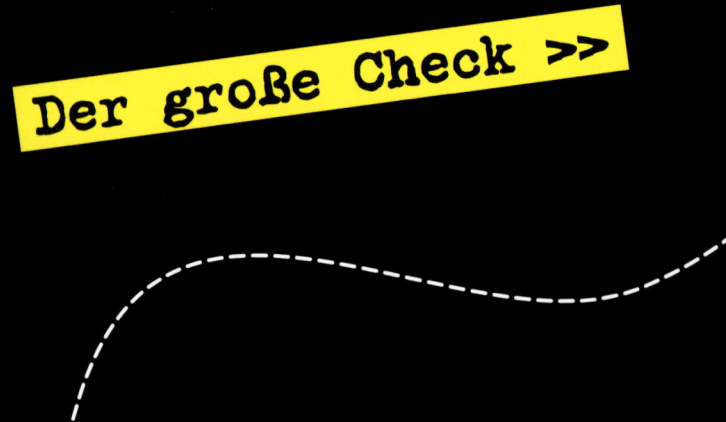

Was sind die Gemeinsam-
keiten und Unterschiede
zwischen deinen Freunden?

Das können wir beide nicht ausstehen:

Davon können wir beide nicht genug bekommen:

Diese Wörter sagen wir beide oft:

Wann bekommen wir beide Lachkrämpfe?

Darin unterscheiden wir uns komplett:

Willst du einen Freund oder einen Spiegel?

Achtung, bitte nur weiterlesen, wenn du bei Horrorfilmen nicht gleich zu schlottern beginnst: Sie wiederholt ständig, was du sagst. Sie ist immer deiner Meinung. Wenn du ein gelbes T-Shirt trägst, zieht auch sie so eines an. Wenn du deine Haare färbst, taucht sie am nächsten Tag mit der gleichen Farbe auf. Und sie hört sowieso nur die Songs, die bei dir gerade ständig laufen. Auf alle deine Aussagen immer nur die gleiche Reaktion: Ich sehe das genauso, ich bin deiner Meinung. Das hört sich ziemlich gruselig an? Ist es auch. Wer möchte schon einen Spiegel als Freund? So was von langweilig. Wer führt schon spannende Gespräche mit einem Spiegel? Umso spannender, wenn Freunde nicht wie Zwillinge herumlaufen oder bis aufs kleinste Detail identisch sind. Am Ende können einen nicht mal die anderen Leute mehr auseinanderhalten …

Sorry, ich wollte dir nicht zu nahe treten, die Leute, die dir wichtig sind, und du habt manchmal die gleichen Klamotten? Solange das aus Spaß gemacht wird, ist das auf jeden Fall eine witzige Idee. Komisch wird es nur, wenn in einer Freundschaft jemand ständig den anderen kopieren will und alles „nachmachen" muss – so im Stil von „Ich bin nur richtig, wenn es bei mir genau gleich ist wie bei meiner besten Freundin." Welcher Irrtum – hat da jemand vergessen, dass wir alle als Original auf die Welt gestellt wurden?

Wenn man überall gleicher Meinung ist, kann man sich überhaupt nicht mehr miteinander unterhalten. Die Unterschiede zwischen dir und deinen Freunden machen es für euch so richtig spannend. Dein bester Freund ist viel größer als du, deine beste Freundin läuft gerne als Punk herum, mit deinem besten Freund sollte man vor 10 Uhr kein Wort wechseln, deine beste Freundin will sich ständig Katzenvideos auf YouTube reinziehen? Sind diese Gegensätze wirklich so dramatisch? Im Gegenteil, so könnt ihr viel mehr erleben.

Vielleicht in der Straßenbahn?

„Freunde finden lernen in drei Tagen" oder „Die 12 Tricks, wie man Freunde entdeckt" – würdest du dich für einen solchen Kurs anmelden? Schade um die Zeit! Das Wichtigste weißt du ja schon bereits und hast es dir schon in riesigen Buchstaben auf die Stirn gemalt: **offen sein für neue Menschen!** Am besten in spätestens fünf Minuten damit beginnen: Kennst du das Mädchen schon, das dort ganz alleine im Straßenbahnabteil sitzt? Was ist das für ein Junge, dem du jeden Morgen im Lift begegnest? Es spielt keine Rolle, ob du Kontakte zu Menschen aufbaust, die sechzig Jahre älter oder drei Jahre jünger sind als du. Oder ob es sich um ein Mädchen oder einen Jungen handelt. Was zählt, ist, ob ihr gerne Zeit miteinander verbringt und etwas unternehmen könnt, das euch beiden Freude bereitet.

Alles paletti, aber irgendwie wärst du momentan trotzdem in der Stimmung, diese Meldung zu posten: „Ich bin mit allem einverstanden. Trotzdem bin ich einsam und irgendwie klappt es bei mir mit Freunden nie!" In diesem Fall solltest du alles machen, nur etwas nicht: dich zuhause verstecken. Denn wenn niemand etwas von dir sieht oder hört, bist du unsichtbar. Hast du wirklich schon alles versucht? Wie viele von deinen Mitschülern hast du schon mal zu dir nach Hause eingeladen oder gefragt, ob sie Lust auf Kino haben? Vielleicht gibt es bei dir in der Nähe auch einen Sportverein. Nimm deinen ganzen Mut zusammen, schau dort mal vorbei, vielleicht sind dir diese Leute sympathisch oder es macht total Spaß, gemeinsam mit ihnen zu trainieren oder in der Natur etwas zu erleben.

100%

0%

Wegdrehen

Neugierig sein

100%

Deine Bekannten finden deine Lieblingskomödie nicht so witzig wie du? Sie sind von deiner Idee für Freitagabend gar nicht begeistert? Kein Grund, ihnen den Rücken zuzudrehen und eingeschnappt zu sein. Vielleicht hörst du dir erst mal die Vorschläge der anderen an und dann stimmt ihr ab?

Eine der wichtigsten Zutaten für jedes Team: Neugierig sein - auf die Meinungen und Ideen der anderen und alles, was deine Freunde so machen. Geheimtipp: Neugier ist manchmal wie ein Kompliment. Die anderen merken, dass du dich für sie interes- sierst.

0%

Zum Ausprobieren

Die Macken-Detektive ermitteln: Welche deiner Macken nerven deine Clique total? Frag sie doch mal und bitte sie, dich darauf aufmerksam zu machen – natürlich nicht, indem sie dich kritisieren, sondern dir zeigen, dass keiner perfekt ist. Die große Chance dabei: Du findest einiges über dich heraus, das dir bisher gar nicht aufgefallen ist!

Bye, bye, Vorurteil! Vorurteile? Sind nicht wirklich praktisch. Sie verhindern, dass wir spannende Menschen kennenlernen. Natürlich muss man nicht mit allen befreundet sein und sich nicht mit allen gleich oft abgeben. Aber unterhalt dich doch mal auf dem Schulhof mit Leuten, mit denen du dich bisher noch nie abgegeben hast. Vielleicht ist er ja ein total spannender Typ?

Keine Angst vorm Schlager-Konzert: Deine beste Freundin fährt total auf Schlager-Sound ab? Das kannst du nicht nachvollziehen? Kein Problem, aber das ist kein Grund, sie nicht mal zu einem Konzert zu begleiten. So erlebst du etwas ganz Neues und vielleicht entdeckst du Dinge, die dir ganz gut gefallen.

Finger weg von der Kopiermaschine! Auch wenn man miteinander befreundet ist, muss man keine Kopie vom anderen werden. Es wäre doch total öde, wenn alle Menschen genau gleich wären. Freunde akzeptieren sich gegenseitig so, wie sie sind. Also bleib so, wie du bist!

Das Beste sitzt neben dir! Auch wenn deine Freunde nicht perfekt sind, sie sind die besten, die es gibt. Wer ständig auf der Suche nach noch besseren und spannenderen Freunden ist, vergisst total, dass man die besten eh schon gefunden hat.

Experimente

Okay, du kannst es doch nicht ganz lassen und willst deine Freunde und dich einem Test unterziehen? Anschnallen, Knieschoner nicht vergessen und dann stürzt euch in folgende Testfragen:

Wer von euch hat Schokoladekuchen am liebsten?

Wer verzieht bei Regen sofort das Gesicht?

Wer von euch lacht häufiger?

Wer wird schneller sauer?

Wer macht sich häufiger Sorgen um die anderen?

Wer kann die anderen besser ermutigen?

Ergebnis auswerten? Bitte Buch umdrehen! *

* Wie schnell hast du auf alle Fragen die richtige Antwort gefunden? Würden deine Freunde die Fragen gleich beantworten? Am besten gleich kontrollieren! Und sonst: Es liegen ja noch ganz viele Tage, Wochen, Monate und Jahre der Freundschaft vor euch – ihr könnt euch jedes Mal ein bisschen besser kennenlernen!

Wie alt, woher, wie reich - ist doch egal!

Wie dünn, wie beliebt und einflussreich, ob du träumst auf Arabisch
oder am liebsten Chicken Curry isst - so was von bedeutungslos.

Was zählt: Du bist mein Weggefährte, ich bin dein Mitstreiter,

wir heben gemeinsam ab!

laut & leise, süß & sauer

ernst & lustig, Plaudertasche & Schweigerekordler

Wolkenfischer & Wurzelschlager, klein & groß, Kaltduscher & Warmbader

Drauflosprescher & Kühlüberlegerin, Morgenmensch & Nachteule

Kein Gegensatz stellt sich unserer Freundschaft in den Weg.

Gott, lass uns zusammenwachsen!

Freunde fallen nicht wie Regen vom Himmel.
Und doch: in jedem Bus, an jeder Ampel,
in jeder Kinositzzreihe könnte
jemand warten, der vom selben träumt wie ich,
der genauso verrückt ist wie ich.
Mach über unseren Köpfen alle Lichter an,
damit wir uns nicht übersehen!

Ihr Leute auf der ganzen Welt,

kriecht aus euren Häusern,

schickt ein Lächeln über die Straßen,

klingelt an fremden Türen,

verteilt Kuchen im Park, ladet zum Mitsingen ein,

seid freundlich, baut Freundschaften auf!

Freundschaft reicht meilenweit

„Nur noch ein paar Stunden, dann bin ich bei dir. Ich zähle schon die Sekunden! Am liebsten würde ich nach vorne ins Cockpit rennen und den Piloten bitten, etwas schneller zu fliegen. Wie eine Rakete über den Ozean. Ich habe dir eine Menge zu erzählen. Es ist so viel passiert in den letzten Wochen! Und du hast mir so gefehlt. Ich kann es kaum erwarten, wieder mal nächtelang mit dir zu quatschen und Pläne zu schmieden, wie wir die Welt retten, oder uns zu überlegen, wo genau wir in vierzig Jahren wohnen. Ich habe eine Idee: Am besten treffen wir uns schon heute Abend bei der alten Bank am Fluss ...“

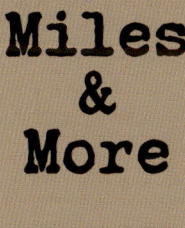

Miles
&
More

Kapitel 2

zwei

2

Wie oft möchtest du mit jemandem zusammen sein,

den du sehr gerne magst? Na logo, immer, fast rund um die Uhr! Vielleicht gibt es an deiner Schule oder in deinem Dorf tatsächlich Menschen, die sich nie ohne ihren besten Freund blicken lassen. Es kommt einem fast so vor, als hätte man sie mit Leim aneinandergeklebt und es gäbe den einen nicht ohne den anderen. Eigentlich eine schöne Sache: jemanden an seiner Seite zu haben, der alles mit einem erleben möchte und der nie von der Seite weicht – egal, was auch passiert. Und es ist auch ziemlich praktisch: Wenn man jemanden braucht, ist immer einer da. Von Langeweile keine Spur – man ist ja keine Sekunde allein. Es besteht kein Grund, sich einsam zu fühlen.

Doch dann trifft manchmal doch die Tragödie ein: Der Vater der besten Freundin bekommt ein tolles Jobangebot in einer anderen Stadt und die ganze Familie zieht mit ihm um. Oder der beste Freund will die einmalige Chance nutzen: ein Auslandssemester, sechs Monate in Australien oder in den USA eine Schule besuchen oder studieren. Eine Welt bricht für dich zusammen. Deine beste Freundin und du – so weit auseinander – wie soll das gehen? Das Ende der Freundschaft – das Ende von allem! Schluss, aus, vorbei.

Fast schon unheimlich ...

Vielleicht kennst du dieses besondere Phänomen: Da sitzt man zuhause und plötzlich denkt man: „Das muss ich jetzt unbedingt meinem bes-

ten Freund erzählen!" oder es flitzt auch nur dieser Gedanke durch den Kopf: „Wie es ihr oder ihm wohl gerade geht?" Genau in diesem Moment vibriert das Handy und sie oder er hat eine Nachricht geschickt oder ruft sogar an. Gedankenübertragung? Eine gute Freundschaft lebt, auch wenn man nicht gerade nonstop aneinanderklebt, sich täglich trifft oder nur fünf Minuten entfernt wohnt. Vielleicht besucht ihr nach den Sommerferien nicht mehr die gleiche Schule oder jeder macht eine andere Ausbildung. Es gibt Freunde, die sich nur ein paar Mal im Jahr sehen, oder auch solche, die sich erst nach vielen Jahren wieder treffen, weil sie für eine gewisse Zeit zu weit auseinander gewohnt haben. Auch wenn deine beste Freundin in eine andere Stadt zieht, bedeutet das nicht den Weltuntergang. Natürlich wird sich der Alltag für euch beide ändern. Trotz allem sind wahre Freunde wie durch ein unsichtbares Band miteinander verbunden und das reicht meilenweit, selbst von einem Ende der Welt zum anderen.

Eigentlich bist du ein Glückskind: Noch nie war es so einfach, mit anderen Menschen in Kontakt zu bleiben. Selbst wenn du in der afrikanischen Wüste steckst, in New York auf den Bus wartest oder in Sydney den Sonnenuntergang bewunderst, kannst du mit deinen Freunden telefonieren oder ihnen Nachrichten, Fotos und Videos schicken und sie landen innerhalb von Sekunden auf deren Smartphones. Vor einigen Jahren wäre das noch nicht möglich gewesen. Da konnte man sich nur Briefe schreiben und musste ewig auf die Antwort warten.

Manchmal macht ein bisschen Abstand alles auch viel spannender und überraschender. Dann besteht Quassel-Stufe Nummer 1! Wenn man sich endlich wieder sieht, hat man sich eine Menge zu erzählen. Dabei erlebt man die Abenteuer nochmals und wenn dann die anderen von ihren Erlebnissen berichten, kommt man in den Genuss von weiteren aufregenden Situationen. Wer für gewisse Zeit von den Freunden getrennt war, merkt noch viel mehr, wie wichtig sie für einen sind. Man kann sich vieles vorstellen, aber eines definitiv nicht: Ein Leben ohne meine Crew!

Besser gleich nur online?

Es gibt heute sogar Leute, die haben ihre Freunde online kennengelernt und sind mit ihnen befreundet, aber haben sie „in echt" noch nie gesehen. Kann man da wirklich von einer Freundschaft sprechen? Da gibt es verschiedene Meinungen. Auf jeden Fall kann es ziemlich spannend sein, online mit Menschen in der ganzen Welt in Kontakt zu kommen und an ihrem Leben teilhaben zu können: Wie sieht der Alltag von Jugendlichen in Taiwan aus? Und wie verbringt man in den USA die Sommerferien? Viele, die in sozialen Netzwerken sind, werden früher oder später auf etwas besonders neugierig: Wie ist diese Person „in echt" drauf? Ist sie genauso, wie sie sich im Netz präsentiert? Dann wächst der Wunsch, die Person mal im wirklichen Leben zu treffen.

Wenn man miteinander im Kino sitzt oder sich in einem coolen Café bei einem Glas Cola unterhält, bekommt man viel mehr mit, als wenn man sich nur Textnachrichten zuschickt. Und sowieso: Meistens ist es viel leichter, sich mündlich miteinander zu unterhalten. Da muss man sich nicht mühsam die Finger wund tippen, ständig passende Emoticons auswählen und den Kopf nach geeigneten Begriffen durchsuchen. Es kommt auch viel seltener zu Missverständnissen und falls so etwas doch passiert, lässt es sich, wenn man direkt gegenüber sitzt, viel unkomplizierter aus der Welt schaffen.

Ich bin so sauer wie 10 Kilo Zitronen!

Du bist total enttäuscht, dass der andere dich im Stich lässt? Du wirfst ihm vor, nur an sich zu denken, weil er für ein paar Monate ins Ausland gehen möchte? Vorsicht: Keiner isst freiwillig 10 Kilo Zitronen auf einmal! Willst du deinen Freund wirklich zu etwas zwingen? Nein, niemand erwartet, dass du einen auf heile Welt machst und wie ein Schauspieler in eine Rolle schlüpfst. Du kannst den wichtigen Personen in deinem Leben sagen, wie sehr es dir leidtut, dass du sie schon jetzt vermisst und die Tage bis zum Wiedersehen zählen wirst. Aber möchtest du, dass dein bester Freund wegen dir ein schlechtes Gewissen hat und sich am Ende gar nicht mehr freuen kann?

Wie bleibst du in Kontakt mit Freunden, die nicht in deiner Nähe wohnen?

[ ] Telefonieren

[ ] Briefe schreiben

[ ] SMS   [ ] Facebook

[ ] In den Ferien einander besuchen

Bitte ankreuzen!

0% Anbinden

Und dann hat der wichtigste Begleiter doch plötzlich neue Kumpels und erlebt mit diesen ganz aufregende Dinge. Fassungslos klickst du dich durch all die Fotos, die er von sich und seinem neuen Leben online stellt. Kein Mensch lässt sich gerne anbinden wie ein Schiff im Hafen. Auch wenn du es gerne möchtest: Jemanden in Ketten legen, damit er bei dir bleibt, ist chancenlos.

100% Vertrauen

Bei einer Freundschaft zwischen zwei Menschen, die weit auseinander wohnen, ist das Vertrauen besonders wichtig: Vergisst er oder sie mich nicht? Oder lästert er in seiner neuen Clique sogar über mich ab? Vertrauen ist eigentlich ganz einfach und gleichzeitig doch so unheimlich kompliziert: Man kann es nirgends kaufen, man kann es nicht testen und auch nicht beweisen. Man kann es nur trainieren, indem man es anwendet.

100%

0%

Auftrag

Kein Wettbewerb: Es geht nicht darum, wer sich am häufigsten meldet. Und es wäre auch falsch, genau festzuhalten, wie oft der andere anruft, wie viele Nachrichten er schickt, wie lang diese sind usw. Natürlich lebt eine Freundschaft davon, dass beide etwas dafür tun. Aber spiel nicht gleich die Drama-Queen, wenn es für eine gewisse Zeit von dir abhängt, ob ihr miteinander Kontakt habt. Falls sich das über viele Wochen hinzieht, kannst du das deiner Freundin auch mal mitteilen. Vielleicht hat sie gar keine Ahnung, dass dich das so verletzt?

Ganz langsam, aber überraschend! Heute schreiben wir uns ständig SMS und andere digitale Nachrichten. Da ist es schon etwas ganz Besonderes, wenn man mal einen Brief bekommt. Von Hand geschrieben, mit Briefmarke! Vielleicht willst du deinem besten Freund einfach mal einen Brief schreiben? Erzähl darin, was bei dir gerade los ist …

Wenigstens 3 Sekunden: Bei dir geht es momentan ordentlich ab und du hast viele neue Leute kennengelernt? Das ist kein Grund, deinen besten Freund wie Luft zu behandeln. Melde dich ab und zu bei ihm und lass ihn Teil deines Lebens sein. „Hallo, wie geht es dir? Was ist bei dir gerade los? Was machst du?"

Gemeinsam vor der Linse: Wenn ihr zusammen seid, macht Fotos und Videos. Diese Erinnerungen helfen euch, wenn ihr mal nicht zusammen sein könnt. Einfach bequem machen und auf eurem Smartphone die Fotos und Videos ansehen.

Weekend-Trips: Zwischendurch muss man sich einfach sehen und gemeinsame Zeit erleben. Plant gemeinsame Ferien, es kann auch nur Zelten bei euch am Baggersee sein. Am besten gleich fett im Kalender abspeichern, so könnt ihr euch jetzt schon darauf freuen und die Tage zählen.

Medizin für „Ich-vermiss-dich-so-Tage"

Foto-Erinnerungen: Knipst ganz viele Fotos von euch beiden. Gerade, wenn man sich vermisst, kann man die Fotos anschauen und sich an schöne Erlebnisse erinnern.

Fixer Termin: Macht Tag und Uhrzeit für ein gemeinsames Chatgespräch aus. So verpasst ihr euch nicht online, niemand wartet umsonst. Aber wichtig: Den Termin um jeden Preis einhalten!

Video-Hallo: Film dich selber und richte eine Videobotschaft an deine Freundin. Schick ihr das Video. So weiß sie, dass du an sie denkst und sie nicht vergessen hast. Und dazu kann sie endlich wieder mal deine Stimme hören. Natürlich kannst du auch Aufnahmen von deinem Zimmer, deiner Umgebung zeigen …

Nicht hinunterschlucken: Es braucht dir nicht peinlich zu sein, wenn du jemanden vermisst. Du kannst das ohne weiteres deinem Freund, deiner Freundin mitteilen: „Musste gerade an dich denken. Schade, du bist nicht hier …" Manchmal ist es hilfreich, sich auch mit den Geschwistern oder anderen Freunden darüber auszutauschen.

Weihnachten im Sommer: Steht schon fest, wann ihr euch wieder seht? Vereinbart den Tag eures nächsten Treffens. Selbst wenn es noch Wochen oder Monate bis dahin sind, ist so etwas eine große Hilfe! Man kann sich auf dieses Treffen freuen und den Countdown herunterzählen. So wie das viele im Advent machen …

10 Tage, 9 Tage ...

Lass den Countdown herunterrattern,

damit der Tag X schon bald vor der Tür steht

und ich meinen Freunden in die Arme fallen kann.

Wenn Meilen zwischen uns liegen
und auch noch ein paar Berge,
räum alles weg, mach alles klein,
damit ich mich meinen Mitstreitern ganz nah fühle.

Installier in mir dieses Programm: Vertrauen.

Schenk mir täglich ein Update,

damit ich nie das Vertrauen in meine Lieblingsmenschen verlier.

Wenn irgendwann unser letzter Schultag kommt,

sich unsere Band trennt,

unser Basketball-Team aufgelöst wird,

sagen wir nicht: Goodbye,

sondern: Bis bald – wir werden uns wiedersehen!

Besser zu zweit, zu dritt, zu viert ... als allein

„Komm und lös mit mir diesen Fall. Mir schlottern die Knie, mir raucht der Kopf, ich komme irgendwie nicht weiter, alleine schaffe ich das nicht, aber zu zweit ist das bestimmt ein Kinderspiel und in Nullkommanichts gelöst: Gemeinsam klären wir alles auf und bringen Licht in die Dunkelheit. Schon bald werden wir überall bekannt sein als die Unzertrennlichen! Das starke Team, das füreinander durch dick und dünn geht. Gemeinsam schaffen wir, was vorher noch keinem gelungen ist. Neben uns sieht sogar James Bond uralt aus ..."

Team
Work

Kapitel 3 drei 3

Einfach gruselig:

Eine einsame Insel, ziemlich düster, dicker Nebel hüllt dich ein, von fern sind merkwürdige Geräusche zu hören. Du zuckst zusammen: War da etwas? Nein, Fehlalarm, bloß Katy, die auf einen Ast getreten ist …

Vielleicht bist auch du früher in die Abenteuer der Krimireihe „Fünf Freunde" eingetaucht, hast ihre Bücher verschlungen oder dir als Hörbuch bequem vorlesen lassen. Abenteuercliquen wie „Fünf Freunde" sorgen für Spannung, nicht nur, weil sie jedes Mal ein großes Abenteuer erleben, sondern weil die Fünf zusammenhalten und aufeinander zählen können, egal, was auch passiert. Sie sind keine Profidetektive, keine Spitzensportler und auch keine Mathegenies, aber als Team zu fünft erreichen sie trotzdem Dinge, die bisher keinem Erwachsenen und nicht einmal der Polizei gelungen sind. Hast auch du dir schon gewünscht, in ein solches Abenteuer reinzuspringen oder auch Teil eines solchen Teams zu sein?

Hast du dir schon mal überlegt, warum die „Fünf Freunde" so erfolgreich sind? Vielleicht liegt es an den spannenden Geschichten, vielleicht hat es aber auch damit zu tun, dass viele davon träumen, auch Teil einer solchen Clique zu sein: Ein Team, dem nichts und niemand etwas anhaben kann. Ein Team, das sogar Unrecht besiegt. Die „Fünf Freunde" lassen sich nicht so schnell ins Bockshorn jagen. Sie sagen Ungerechtigkeit, Betrug und Erpressung den Kampf an.

Besser vier Augen als zwei

Vier Augen sehen mehr als zwei, vier Ohren bekommen mehr mit als zwei und zwei Nasen wittern schneller etwas als eine: Du bist klug, witzig, originell und mutig? **Herzlichen Glückwunsch!** Aber wahrscheinlich ist das manchmal doch zu wenig. Mit einer Freundin, einem Freund an deiner Seite gelingen dir auch Dinge, die du alleine nicht geschafft hast oder die für dich unmöglich scheinen: Vielleicht kann deine beste Freundin etwas viel besser als du. Umgekehrt hast du ein Talent, das deinem besten Freund fehlt. Hast du schon beides zusammengezählt? Es passt ja hervorragend zusammen!

Kennst du die Fußballer Lukas Podolski und Bastian Schweinsteiger?

Sie sind heute als erfolgreiche Sportler bekannt. Die beiden waren schon als Jugendliche miteinander befreundet. Gut möglich, dass sie sich gegenseitig angespornt haben. Wer mit anderen unterwegs ist, dem wird nie langweilig. Begleiter können wie ein Coach sein, der Mut macht: „Gib nicht auf, durchhalten, du schaffst das, noch ein Stück, wir sind gleich da!" Vielleicht kennst du das schon vom

Sport – was sorgt für mehr Vergnügen: Ganz alleine fünf Kilometer durch den Wald zu rennen oder zusammen mit jemandem, mit dem du dich gut verstehst? Es ist auch viel sicherer: Sollte man sich verlaufen, über eine Wurzel stolpern oder einem die Puste ausgehen, ist jemand da, der einem helfen kann. Und was für ein tolles Gefühl ist es, gemeinsam mit anderen ein Ziel zu erreichen. Es gibt viele erfolgreiche Bands, die als eine Gruppe von Freunden aus Spaß an der Sache angefangen haben, Musik zu machen; ihre Freundschaft – und natürlich auch eine große Portion Talent und Glück – waren der Grundstein dafür, dass sie mit ihren Songs die Radios und die Herzen der Fans erobert haben.

Freunde sind wie Sterne in der Dunkelheit und manchmal auch so etwas wie eine Taschenlampe, die dir den Weg leuchtet oder auf etwas zeigt, das dir bisher noch gar nicht aufgefallen ist: Schau mal dort hin! Sieh dir mal das an! Hör da mal rein! … Und natürlich bist auch du eine Taschenlampe für deine Freunde. Du hast es in der Hand, sie auf Dinge aufmerksam zu machen, die für sie bisher im Verborgenen waren. **So übersieht niemand mehr die spannenden Dinge des Lebens.**

Welches war dein bisher aufregendstes Erlebnis mit deinen Freunden?

Bitte ankreuzen!

O **Abenteuer**

O bei Freunden übernachten

O Gemeinsame Ferien

O **Sightseeing** in einer Großstadt

O eine Nacht lang den Sternenhimmel beobachten

Endlich ist es so weit: Am Wochenende steht der nächste Filmabend auf dem Programm. Du hast sturmfrei, die ganze Wohnung für dich und deine Freunde. Das wird ein Ereignis! Wen hast du eingeladen? Na logo, nur die Leute, die dir was bedeuten. Dumm, dass sich das schon in der Schule herumgesprochen hat. Dein Handy vibriert. Jennifer fragt, ob sie auch kommen darf. Jennifer?! Mit der habt ihr bisher kaum ein Wort gewechselt. Aber warum eigentlich nicht – vielleicht passt sie ganz gut zu euch? Tut es jemandem weh, wenn sie heute auch mal dabei ist?

Etwas unternehmen, 100%

Etwas erleben: Coole Cliquen sind keine Couchpotatoes, sie hängen nicht den ganzen Tag zuhause rum. Das wäre ihnen viel zu langweilig! Sie wissen: Die Welt ist viel zu spannend, da draußen gibt es eine Menge zu erleben - selbst, wenn das Wetter nicht mitspielt. Also, raus aus den vier Wänden und rein ins nächste Abenteuer!

Nur wir zwei 0%

Zwei, die immer aneinanderkleben und gar kein Interesse haben, sich mit anderen abzugeben - ziemlich egoistisch! Jeder, der schon mal das „dritte Rad am Fahrrad" war, weiß, wie frustrierend so etwas ist. Es spricht nichts dagegen, eine „beste" Freundin, einen „besten" Freund zu haben, doch das hindert nicht daran, sich auch mit anderen abzugeben.

So kann eure Clique unsere Welt verändern

Kein „Zutritt verboten"

Seid keine „geschlossene Gruppe" oder ein „Geheimclub", gebt euch mit anderen ab. Vielleicht gibt es ja noch weitere Leute, die gut zu euch passen oder die sich in eurer Clique wohl fühlen?

Setzt ihr euch ein für die Natur? Beim Picknick oder Ausflug an den Baggersee keinen Müll liegen lassen oder vielleicht sogar mal groß reinemachen und Bäche, Wiesen und Grillstellen vom Müll befreien ...

Öko Helden

Sammel-Stars

Warum nicht mal eine Aktion für Menschen, die in Not sind, starten? Geld sammeln, etwas verkaufen ... Es gibt viele Möglichkeiten. Das beste dabei: Meistens erlebt man als Gruppe eine Menge bei solchen Aktionen.

Smiley-Vorbilder

Bei euch herrscht eine gute Atmosphäre: Sie ist respektvoll zu ihm, er ist freundlich zu dir und du bist ... Ein Lächeln hat noch keinen Krieg beendet, aber wenn ihr den Anfang macht, kommen vielleicht noch andere Leute auf die Idee.

Engagiert euch in eurer Pfarre oder in eurer Gemeinde: Ihr könnt für andere Jugendliche oder für Kinder ein Freizeitprogramm anbieten. Oder vielleicht mal einen Nachmittag für die Senioren organisieren? Es liegt an euch, Farbe in den normalen Alltag zu bringen ...

Mehr Farbe, mehr Leben

Taschenlampe sein für einen Tag

- Mach deine Freunde aufmerksam auf alles in eurem Alltag, das nichts kostet und trotzdem unbezahlbar ist. Zähl deinen Freunden mal auf, für wie viele Sachen ihr dankbar sein könnt.

- Langeweile in die Flucht schlagen: Alle hocken nur rum und haben Lust auf nichts? Gras das Internet ab und mach dich auf die Suche nach einer spannenden Veranstaltung. Geht gemeinsam zu einem Event, auf dem ihr noch nie gewesen seid …

- Zeig deinen Freunden, warum eure Freundschaft etwas Besonderes ist.

- Dreh die Welt um, wenn wieder mal alle Trübsal blasen und nur halbleere Gläser sehen: Man kann alles auch von einer anderen Seite betrachten. Und dann ist das Glas plötzlich halbvoll!

- Nimm deine Freunde an der Hand, wenn sie zögern oder wenn sie Angst haben vor dem nächsten Schritt.

Gib mir Mut, meine Freunde durch die Dunkelheit zu begleiten,

sie nicht allein zu lassen, wenn sie in raue See stechen,

der Weg durch steiniges Gelände doch etwas länger ist.

Lass mich ein Freund sein, auf den sie sich verlassen können.

Freundschaft ist nicht nur Kissenschlacht,

Musik hören im Sonnenuntergang, coole Selfies posten -

Freundschaft ist Hand in Hand, Schulter an Schulter,

auch mal dorthin gehen, wo mich keine zehn Pferde hinziehen,

auch mal was tun, das mir ziemlich gegen den Strich geht.

Manchmal sind wir ziemlich verrückt, hoffnungslos durchgeknallt.

Manchmal eine Mannschaft mit unterschiedlichen Zielen,
eine eingeschworene Bande,

manchmal einfach nur ein bunt zusammengewürfelter Haufen
und doch immer:

Ein Team, das zusammenhält und füreinander da ist!

Auf jeder Party, auf jedem Open Air
sind wir schon von weitem zu erkennen:
„Feier mit!" steht auf unseren T-Shirts,
und auf der Stirn: „Jeder willkommen!"

Bei uns gibt es keine Türsteher,
wir sind die Crew, die alle mitmachen lässt.

Im Schatten des Freundes stehen

„Wenn das nur gut geht! Ich trau mich fast nicht, hinzusehen. Wow, schon wieder ein Tor! Yeah, jetzt seid ihr tatsächlich in Führung! Ich würde mich so für dich freuen, wenn du dieses Spiel gewinnst. Vorsicht, jemand will dir den Ball rauben, ja, gib Gas, renn nach vorne, du schaffst das! Ich schreie laut deinen Namen! Noch zehn Sekunden, jetzt bloß keinen Fehler machen, gleich habt ihr es geschafft - GENIAL! Deine Mannschaft hat gewonnen. Ich bin so stolz auf dich. Komm mal her, ich will dir gratulieren. Hallo? Siehst du mich denn nicht? Hier bin ich! Wo läufst du denn jetzt schon wieder hin ...?"

Hallo?

Kapitel 4

vier
4

Die Sängerin Adele,

Die Sängerin Adele, die Jungs von One Direction oder der Fußballspieler Lukas Podolski – wen hättest du gerne als beste Freundin, als besten Freund? Die Vorstellung, mit einem „Star" befreundet zu sein und alle aufregenden Dinge mit ihm erleben und teilen zu können, klingt schon ziemlich verlockend. Man kommt überall rein, muss nirgends anstehen und vielleicht bekommt man sogar etwas vom Blitzlichtgewitter ab. So viele Menschen würden dich beneiden! Wie gerne würden sie mit dir tauschen, um ein paar Sekunden mit deiner besten Freundin verbringen zu dürfen. Natürlich: Das ist jetzt schon nicht so realistisch. Aber vielleicht kennst du ähnliche Situationen: Dein bester Freund ist der absolute Fussballchampion und wird im Sportunterricht immer als Erster gewählt. Deine beste Freundin liefert bei allen Prüfungen ein Superergebnis ab und wird nach jedem Deutschaufsatz vom Lehrer in den höchsten Tönen gelobt. Dein bester Freund hat in der Schule die Nase vorn. Er ist überall beliebt und seine Ideen finden alle „ziemlich abgefahren".

Das ist ja eine echt dumme Angewohnheit, aber trotzdem macht sie vor niemandem Halt: Irgendwann fängt jeder an, sich mit anderen zu vergleichen. Und plötzlich wird man neidisch. Man möchte auch so erfolgreich, so begabt, so schnell und so beliebt sein. Warum klappt bei ihm immer alles? Warum ist sie ständig im Mittelpunkt und kommt überall gut an? Das Gift Eifersucht wirkt in einer Freundschaft besonders heimtückisch. Deshalb: Den Wettbewerb mit deinen Freunden sofort beenden! Denn eigentlich können ja alle vom Glück profitieren: **Richtige Freunde teilen ihre Erfolge mit anderen. Sie sind nicht hochnäsig oder prahlen herum mit dem, was sie erreicht haben.**

Was ist das für ein Geräusch? Alarm, Alarm, Alarm! Wovor warnt diese Sirene?

Warnung! Manche Leute genießen es, einen „Fanclub" zu haben. Sie brauchen ihre Freunde, weil sie es lieben, von ihnen angefeuert, bejubelt, bewundert und abgeknipst zu werden. Du kennst auch solche Leute? Dann nimm dich besser in Acht.

Warnung! In eurer Clique gibt jemand ständig den Ton an und die anderen müssen alles abnicken und wie kopflose Herdentiere hinter ihm her spazieren? Einwände und Kritik sind nicht erlaubt? Dann soll er sich doch besser andere „Freunde" suchen. Oder ist es dein Lebensziel, ein „Anhängsel" von jemandem zu sein? Du sprichst, aber man nimmt dich nicht einmal zur Kenntnis? Das ist frustrierend und auch alles andere als fair. Damit man von Freundschaft sprechen kann, muss eine wichtige Voraussetzung erfüllt sein: Alle werden gleichberechtigt behandelt, keiner ist wichtiger als der andere.

Warnung! Bei dir läuft es gerade wie geschmiert und es ist unheimlich viel los. Du verschwendest keinen Gedanken mehr an deine Freunde. Da fehlt doch was?

Wer kommt in deiner Oscar-Rede vor?

Nicht blenden lassen – besser die Sonnenbrille aufsetzen! Es gibt tatsächlich Leute, die suchen sich ihre Freunde nach dem „Promi-Status" aus. Wie beliebt sind sie gerade? Sie wollen sich im Glanz von erfolgreichen Leuten sonnen. Klar, wer würde nicht gerne ein paar persönliche Worte mit Conchita Wurst wechseln oder regelmäßig mit dem Fußballer Kevin-Prince Boateng trainieren? Aber wer um jeden Preis mit Stars „befreundet" sein will, nur weil sie berühmt sind, hat wohl eine ziemlich merkwürdige Vorstellung von Freundschaft. Denn was weißt du wirklich über die Person? Ihre Berühmtheit sagt ja noch ziemlich wenig über ihren Charakter aus. Sind die Stimme, das Aussehen, das sportliche Talent, die Anzahl der Instagram-Fans oder das Geld auf dem Konto wirklich so entscheidend für eine Freundschaft? Gute Frage, aber hier kommt noch eine bessere: Wozu habe ich meine Freunde eigentlich? Um andere zu beeindrucken? Um coole Selfies zu schießen?

Hast du schon mal die Oscar-Verleihung oder eine andere Award-Show mitverfolgt? Die Schauspieler oder Sänger kommen nach vorne, strahlen über das ganze Gesicht und manche von ihnen brechen sogar in Freudentränen aus. Und dann bedanken sie sich für den Preis: Manche machen das total professionell und rattern eine perfekte Rede herunter, manche stottern und sprechen ziemlich emotional. Und manche vergessen in diesem besonderen Augenblick etwas nicht: ihre Freunde. Sie bedanken sich bei allen Menschen, die sie unterstützt haben und auf die sie in ihrem Leben immer zählen konnten. Sie wissen, was sie an ihren Freunden haben. Mal angenommen, du würdest da oben stehen: Bei wem bedankst du dich?

Ohren zu, wenn sie singt!

… Psst! Es ist wieder so weit! Bühne frei für deine beste Freundin! Es gibt keine Party, bei der sie nicht ihr Talent zum Besten gibt. Ihr wisst, was euch erwartet, ihr haltet schon den Atem an: Anna singt aus voller Kehle, dass beinahe die Fenster bersten und die Gläser auf den Tischen zerspringen. Sie kämpft sich tapfer durch Adeles neusten Hit und klingt dabei wie ein Huhn, das gerade geschlachtet wird. Aber ihr verzieht alle keine Miene und applaudiert am Schluss begeistert.

War das jetzt total daneben oder gehört sich das für Freunde – dass man immer hinter einem steht? Die Antwort kannst du selber herausfinden: Wunderst du dich auch manchmal, was für Leute bei Castingshows teilnehmen? „Die können ja gar nicht singen." Sie singen vor und machen sich zum Gespött des ganzen TV-Publikums. Möchtest du deinen Freunden so etwas zumuten? Gut möglich, dass diese „Leider nein"-Teilnehmer von ihren Freunden nur Lob und Komplimente bekommen haben, obwohl sie überhaupt nichts können. Was wäre dir persönlich lieber: Jemand, der dich darauf aufmerksam macht, wenn dir die Jeans überhaupt nicht passen, deine Tanz-Choreografie noch nicht ganz ausgefeilt ist und du einfach noch ein bisschen mehr üben musst, wenn du beim Schauspielvorsprechen mittun willst – oder jemand, der dir sagt, dass du absolut perfekt, genial, spitze, das größte Talent der Welt bist?

Was wünschst du dir von deinen Freunden?

Bitte ankreuzen!

[ ] Dass sie mir die Wahrheit sagen

[ ] Dass sie jeden Online-Beitrag von mir begeistert kommentieren

[ ] Dass sich die Welt nicht ständig nur um sie dreht

[ ] Dass ihnen meine Meinung und meine Ideen wichtig sind

0 % Honig um den Mund schmieren

Manchmal ist das echt angenehm, wenn einen die anderen anhimmeln, vergöttern und einem ständig sagen, wie toll und genial man ist, selbst wenn das überhaupt nicht der Wahrheit entspricht. Auf Dauer lebt es sich doch besser mit Leuten, die ehrlich zu einem sind, auch wenn die Wahrheit nicht so bequem ist. Doch so weiß man wenigstens, woran man noch arbeiten muss. Mit Freunden, die einem ständig Honig um den Mund schmieren, wird man nicht glücklich, man bekommt höchstens Karies!

100 % Backstage-Scheinwerfer:

Zum Glück ist eines in einer Freundschaft total unwichtig: Dein bester Freund ist nicht berühmt, hat kein besonderes Talent? Oder er ist sogar bei vielen total unbeliebt oder wird von anderen belächelt? Wie sehr beeinflusst so etwas deine Freundschaft? Wahrscheinlich 0 %. Es hängt nicht vom supertrainierten Körper, von der schönsten Haut ab, ob jemand das Zeug zum besten Freund hat. Gute Freunde schalten die „Backstage-Scheinwerfer" an: Sie sehen im Freund Fähigkeiten, die anderen gar nicht auffallen.

Ihr Rund-um-die-Uhr-Clowns, zieht Leine! Es ist total nervig, wie sich manche Leute ständig aufspielen, ihre große Klappe raushängen lassen und immer und überall im Mittelpunkt stehen müssen. Vielleicht tun sie das absichtlich – auch wenn sie das selbst nie zugeben würden oder nicht einmal wissen. Über vielen Köpfen schwebt die bange Frage „Wer will schon mit einem Langweiler befreundet sein?" und setzt die Menschen unter Druck. „Ich muss etwas Spannendes bieten", „Ich muss lustig sein". Manche Leute glauben, einen auf Entertainer machen und wie eine laute Partysirene durch die Gegend laufen zu müssen, damit andere Menschen sie interessant finden und sich mit ihnen abgeben wollen. Dabei wäre es um Welten angenehmer mit ihnen, wenn sie auf diese Nummer verzichten würden. Wenn jemand in Gefahr ist, den „Freundschaftsstatus" zu verlieren, dann gehören dazu: die Verstellten, die Unechten. Wer hat schon Lust, mit jemandem die Zeit zu verbringen, der gar nicht der ist, für den er sich ausgibt? Auch ohne zu den Lauten, Schrillen, Witzereißern, Coolsten der Stadt zu gehören, bist du der perfekte Kandidat für eine tolle Freundschaft. Dringend gesucht wird in den Städten und auf dem Land: Das „Ich-bin-so-wie-ich-bin-von-mir-gibt-es-kein-zweites-Exemplar"!

So steht bei euch niemand im Schatten

Anti-Bluff-Club

Du bist gerade Nummer 1 und überall der große Held? Kein Grund, damit anzugeben und dich ständig vor deinen Freunden aufzuspielen und ihnen klar zu machen, welche Ehre es doch ist, dass du dich mit ihnen abgibst. Denn langfristig kommen Anti-Bluff-Club-Mitglieder viel besser an. Oder hörst du gerne Leuten zu, die ständig damit prahlen, wie gut und toll sie sind?

Ohren, die auf Durchzug geschaltet sind, und ein Mund, der sich nicht schließen kann? Dringende Warnung: So etwas sorgt nur für Muskelkater oder eine üble Erkältung. Wer möchte, dass andere einem gerne zuhören, hört auch anderen zu. Denn wer sich nonstop zutexten lassen möchte, kann das Radio einschalten.

Mund zu, Ohren auf

Gegen-den-Strom-Klicker

Die Helden deiner Klasse bekommen immer viele Kommentare und Komplimente? Dann kommentier doch mal ganz bewusst die Fotos und Beiträge von Menschen, die online niemand beachtet.

Nicht abwerten

Dein Kumpel macht gerade Luftsprünge vor Glück, weil sein YouTube-Video schon hundert Mal angeklickt wurde oder er mit seiner Mannschaft die Regionalmeisterschaft gewonnen hat? Dann musst du ihm nicht gleich auf die Nase binden, dass das doch nur ziemliches „Mittelmaß" ist und noch weit entfernt von „Rekordleistung" oder „Weltklasse".

Du hast ein wichtiges Ziel erreicht? Glückwunsch! Aber hast du das wirklich dir alleine zu verdanken? Oft haben einen ganz viele unterstützt. Selbst die wirklich großen Champions auf dem Tennisplatz hatten viele Helfer an ihrer Seite. Du kannst dich bei anderen bedanken und nicht alle Komplimente in deine Tasche stecken.

Kein Einzel- kämpfer

Kein Blick auf die Wow-Ampel

Freundschaft ist kein Trend und auch kein Hype, Freundschaft ist immer. Manche Menschen geben sich immer mit denen ab, die gerade total in sind, die bei anderen für „Wow" sorgen. Doch wenn der nächste Held auftaucht, lassen sie einen links liegen.

Ein ganz besonderer Fan sein

Ganz genau beobachten: Was können meine Leute gut? Welche besonderen Talente und Fähigkeiten haben sie? Mach ihnen ein Kompliment dafür.

Augen zu und durch! Ein Freund büffelt gerade für eine komplizierte Prüfung oder trainiert für eine Meisterschaft? Schreib ihm eine Nachricht: „Ich glaub an dich. Ich bin überzeugt, dass du es schaffen wirst!" Vielleicht wartest du nach der Prüfung vor der Schule auf ihn, damit er dir gleich das Herz ausschütten kann.

Zeit für die große Party: Ein Erfolg muss gefeiert werden. Plant gemeinsam eine Party für eure Freundin (Pst! Sie darf es erst erfahren, wenn es soweit ist!) und feiert mit ihr gemeinsam das, was sie erreicht hat.

Trainingspausen: Deine Freunde sind gerade wieder total verbissen, pauken oder trainieren nonstop? Dann mach sie darauf aufmerksam, dass sie dringend eine Pause brauchen! Ein Nachmittag am See, ein paar Stunden shoppen … da kann man mal abschalten und danach fallen das Training und das Lernen gleich viel leichter.

Abends, bevor ich einschlafe, huscht mir manchmal diese Hoffnung durch den Kopf: Wenn alle mit dem Finger auf mich zeigen oder hinter meinem Rücken über mich lästern, schämen sich meine Freunde trotzdem nicht, an meiner Tür zu klingeln.

Was ich Katy Perry, Rihanna, Justin Bieber und allen
Miss & Mister Normalos wie dir und mir wünsche?
Dass sie von Menschen umgeben sind, die sie auch noch
in zehn Jahren Freunde nennen können.

Steck uns an mit Mut,

damit wir ehrlich zueinander sind,

dass wir uns immer die Wahrheit sagen können,

ohne dass jemand gleich einen Kopf kürzer gemacht wird.

Erinnerst du mich mit diesem Gedankenblitz?

„Wenn ich mal der Champion bin, der Held auf dem Platz,

bedanke ich mich bei allen,

die mich auf dem Weg dorthin begleitet haben."

Ein Streit ist nicht das Ende

„Schon wieder! Nein, ich nehme nicht ab. Da kannst du es klingeln lassen, bis du grau wirst. Und auch wenn du hundert Nachrichten auf meiner Mailbox hinterlässt, ich höre mir keine einzige davon an. Zum Glück habe ich mich gleich online überall von dir entfreundet. Überall: Klick - und weg bist du! Keinen Bock mehr auf deine Sätze, deine Bilder, deine dämlichen Filmchen. Meinst du wirklich, die wären witzig? Ich bekomm davon eher Kopfschmerzen. Interessiert mich nicht die Bohne, was du mir jetzt noch mitteilen möchtest. Das hättest du dir früher überlegen können. Such dir doch einen anderen für deine Spielchen! Da bleibe ich lieber alleine ..."

Keinen
Bock!

Kapitel 5 fünf 5

Ein Wort, ein Blick

oder ein Lachen lösen manchmal mehr aus als eine Handgranate! Da sagst du was, ziehst eine Grimasse oder lachst an der falschen Stelle und sofort: Krieg! Dein Gegenüber explodiert, macht dir tausend Vorwürfe und macht sich aus dem Staub. Oder er macht sofort auf beleidigte Leberwurst und behandelt dich wie Luft. Da kannst du noch hundert Mal sagen, wie leid es dir tut und dass du es eigentlich gar nicht so gemeint hast. Bis jetzt hat sich noch kein Forscher die Mühe gemacht, herauszufinden, wie oft nur ein kleines Missverständnis für einen großen Krach verantwortlich war. Ein Missverständnis und dann doch: Hundert Tage Funkstille, drei Jahre keinen Kontakt oder sogar sich ein ganzes Leben nicht mehr gesehen. Das ist leider die bittere Wahrheit: Eine Freundschaft kann noch so gut sein, keine bleibt von Konflikten verschont. Vielleicht habt ihr euch schon mal versprochen: „Wir streiten nie!" oder „Wir gehen respektvoll miteinander um".

Wie leicht kommen einem solche Sätze an schönen Sommertagen über die Lippen. Und dann zieht doch plötzlich, total überraschend, ein Gewitter auf und es knallt, blitzt und scheppert gewaltig. Gerade bei Freunden, die sich besonders gut verstehen, ist der Schock besonders groß, wenn man sich mal in die Haare gerät. Da kommt es einem so vor, als würde einem der Boden unter den Füßen weggezogen oder als würde man ins All hinausgeschossen, wo man nirgends mehr Halt findet. Und wie das weh tut! Als hätte man einen Teil des Körpers amputiert.

Man liegt nächtelang wach und fragt sich: „Habe ich mich wirklich so im andern getäuscht? War er gar nicht der, für den ich ihn die ganze Zeit gehalten habe? Warum ist sie so fies zu mir?"

Warum hat es bei euch schon gekracht?

Bitte ankreuzen!

[ ] „Immer muss sie ihren Kopf durchsetzen!"

[ ] „Er hat mich vor allen blamiert und bloßgestellt."

[ ] „Sie hat den Samstag mit einer anderen Kollegin verbracht."

[ ] „Sie hat auf WhatsApp Witze über meine neue Frisur gerissen."

Ein Termin bei Dr. Versöhnung

Die gute Nachricht von Dr. Versöhnung: „Kein Zoff kann so verheerend sein, dass es nicht eine Chance auf Versöhnung gibt." Mal ganz nüchtern betrachtet: Jemand, der sich viele Jahre lang bemüht hat, ein Haus zu bauen, es schön einzurichten, einen gemütlichen Garten anzulegen – was macht er, wenn das ganze Haus einstürzt? Davonrennen und irgendwo von neuem beginnen? Wahrscheinlich nicht. Er wird schauen, ob vielleicht doch noch etwas vom Haus zu retten ist. Er wird zwischen der Ruine herumklettern und sich überlegen: Wie kann ich das wieder aufbauen? Vielleicht entdeckt er eine Rose, die das Unglück unbeschadet überstanden hat.

Dr. Versöhnung hat aber einen wichtigen Tipp: Das beste Medikament bei einem Streit ist manchmal Zeit. Es ist falsch, den anderen unter Druck setzen zu wollen. Vielleicht braucht er jetzt wirklich ein bisschen Abstand und Zeit, um sich über alles Gedanken zu machen. Es bringt nichts, wenn man einfach schnell wieder Frieden schließt. Beide müssen wirklich dazu bereit sein. Manchmal tut es auch gut, wenn man sich eine Weile nicht sieht, weil der andere einem momentan einfach zu sehr auf die Nerven geht und die Gefahr groß ist, dass es gleich zum nächsten Streit kommt.

Comeback im Altersheim?

Eine gruselige Vorstellung, aber vielleicht hast du in TV-Sendungen oder Filmen tatsächlich schon mitbekommen, dass es so etwas wirklich gibt: Da begegnen sich zwei Menschen, die sich sechzig oder siebzig Jahre lang nicht gesehen haben. Eigentlich waren sie mal ein Herz und eine Seele und dann haben sie sich aus den Augen verloren. Ein Streit wegen nichts und doch hat es ein ganzes Leben gedauert, bis die beiden wieder zusammenfinden. Ist es nicht eine wahnsinnige Verschwendung, auf ein Freundschafts-Comeback im Altersheim zu warten? So viele gemeinsame Erlebnisse, die man verpasst hat.

Manchmal verliert man sich aus den Augen. Und dann plötzlich an der Supermarktkasse, wenn man bei YouTube einen alten Film wieder entdeckt oder beim Aufwärmen auf dem Fußballplatz krabbelt die Erinnerung plötzlich im Kopf herum: Wie geht es ihr? Was macht sie wohl? Vielleicht ist es dir auch schon passiert, dass du dich im Internet nach dieser Person auf die Suche gemacht hast. Dann blinkt diese Frage groß auf: Soll ich mich bei ihr melden? Leider dauert es nicht lange, bis die Sirene losgeht und alles tut, um einen daran zu hindern. „Die will sicher nichts mehr von mir wissen." „Der denkt sich bestimmt, mir wäre langweilig." Und wer hat schon Lust auf einen solchen Stempel? Man denkt an etwas anderes und hofft, dass die Erinnerung sich so schnell aus dem Kopf verzieht, wie sie dort aufgetaucht ist. Gut möglich, dass es dem anderen genauso geht. Auch er traut sich nicht, sich bei dir zu melden, weil er sich nicht blamieren möchte. Und so bleibt die Freundschaft noch länger im „Ruhemodus" – ohne Garantie, dass es tatsächlich noch irgendwann ein Comeback gibt. So einfach, wie man einen Computer im Standby-Modus wieder einschaltet, fast so einfach ist es, sich bei jemandem zu melden, der einem mal am Herzen lag.

Was tust du, wenn dich deine Freunde verletzen oder sauer machen?

Bitte eine Rangliste erstellen:
1 = Gute Idee   5 = Versuche ich zu vermeiden!

[ ] Mich zurückziehen

[ ] Mir neue Freunde suchen

[ ] Ihnen schriftlich die Meinung sagen

[ ] Ihnen erzählen, wie es mir geht

[ ] Abwarten, bis sie sich wieder melden und entschuldigen

Die schon wieder! Kennst du sie schon? Ihre Abende verbringt sie meistens allein und zieht sich eine Sendung nach der anderen hinein. Und der da drüben? Geht am liebsten mit seinem Smartphone spazieren. Und hast du die schon gesehen? Ihr Luxusschlitten ist ihr Ein und Alles. Strebst du ein solches Leben an? Vielleicht erspart man sich so manchen Streit, manche Auseinandersetzung, manches Missverständnis. Die Alternative? Smartphone als Urlaubsbegleiter, der einzige, der dir etwas erzählt, ist der Fernseher und der Spiegel ist derjenige, der dir ein Feedback zu deinem Outfit gibt … Ein Alltag wie aus dem Bilderbuch? Da gibt es wohl schönere Schnappschüsse!

0 % Die Kein-Streit-Vereinbarung

Eine Welt ohne Streit wäre wirklich wunderbar! Und es gibt tatsächlich auch Menschen, die können nicht streiten. Die machen immer einen auf „Alles okay!" und schlucken die ganze Wut und den Ärger hinunter. Das hört sich nicht gesund an. Ist es auch nicht. Denn irgendwann explodieren sie dann doch und dann ist es nicht mehr gut. Gute Freunde können auch miteinander streiten. Das heißt nicht, dass sie sich regelmäßig Beleidigungen an den Kopf werfen und sich gegenseitig fertig machen. Das heißt: Wenn sie mal nicht gleicher Meinung sind, ist das kein Weltuntergang oder sie sind nicht gleich wochenlang beleidigt aufeinander. Sie wissen beide, wie man wieder Frieden schließt.

100 % Zum Handy greifen

Anrufe und Textnachrichten einfach ignorieren? Ziemlich fies. Denn da weiß der andere nicht, was gerade los ist. Deshalb besser: Anruf entgegennehmen und sagen, dass man einfach noch ein bisschen Zeit braucht. Und falls sich der andere nicht meldet: Bei ihm anrufen oder eine Nachricht schicken. „Oh, das war jetzt wirklich nicht gut. Es tut mir leid. Wollen wir es nochmals probieren?"

So zeigt ihr der schlechten Stimmung die Zähne

Finger weg vor Brandbeschleunigern! Jemand von euch ist gerade richtig sauer und teilt nur aus? Einfach zuhören und ihm die Chance geben, seinem Ärger Luft zu machen. Jeder hat mal einen schlechten Tag. Viele merken schon am nächsten Morgen, dass es nicht angebracht war. Auf keinen Fall sich über ihn lustig machen und ihn noch weiter provozieren.

Die „Er-soll-dir-ausrichten"-Tour: Eine neutrale Person versucht zwischen euch zu vermitteln. Das kann manchmal sinnvoll sein. Aber die Person muss 100 Prozent neutral sein – sie darf keine Vorwürfe weiterleiten oder als „Druckmittel" unterwegs sein.

Abwarten und Tee trinken: Egal, was passiert: Nicht durchdrehen, nicht explodieren. Da sagt und tut man nur Dinge, die man schon eine Sekunde später bereut. Am besten tief durchatmen, ein zweites und vielleicht dann noch ein drittes Mal.

Mit Buchstaben schießen: Manchmal ist das ja echt praktisch: Sich hinter dem Bildschirm oder dem Smartphone verstecken, in die Tasten hauen und dem anderen eine Nachricht schicken. Aber Vorsicht: Schriftliche Nachrichten sind oft die gefährlichsten. Vielleicht versteht der Empfänger einen Satz oder ein Wort falsch und der Konflikt wird noch größer. Nachrichten schreiben und schicken kann jeder Feigling, Helden sprechen lieber mit dem anderen. Da kann man sich viel besser erklären und der andere kann auch direkt nachfragen, wenn er etwas nicht verstanden hat.

Vorwurf-Dusche: „Du bist an allem schuld! Nur wegen dir geht unsere Freundschaft kaputt." Wie würdest du auf so einen Vorwurf reagieren? Wahrscheinlich ziemlich aggressiv. Vorwürfe wirken meistens wie Nadelstiche. Hast du Lust, deine Freunde zu pieksen? Also Finger weg von „Du hast angefangen!" oder „Nur wegen dir ist die Stimmung bei uns jetzt so mies."

Finger weg von altem Kaffee! Wer trinkt schon gerne alten Kaffee? Deshalb ist es tabu, in einem Streit alte Geschichten wieder aufzuwärmen und einander Dinge vorzuwerfen, die schon mehrere Wochen oder Monate alt sind. Wenn sie wirklich so übel gewesen wären, hättet ihr sie schon damals ansprechen müssen …

So wirst du
Versöhnungsexperte

Blick auf die Startlinie: Wirf einen Blick zurück – was habt ihr miteinander schon alles erlebt? Wie lange seid ihr schon miteinander befreundet? Ist dieser Krach es wirklich wert, dass ihr das alles kaputt macht? Erinnere dich zuerst selber, wie wichtig und kostbar eure Freundschaft ist. Es ist für dich wieder total klar? Jetzt geht es darum, das auch deinem Freund oder deiner Freundin sichtbar zu machen.

Die große Aussprache: Trefft euch an einem neutralen Ort und jetzt geht´s los: Jeder darf sagen, was ihn stört, was für ihn an eurer Freundschaft momentan nicht stimmt. Jeder darf Wünsche – aber keine Forderungen! – formulieren. Selbstverständlich dabei ist, dass jeder den anderen ausreden lässt.

Mehr als nur „Sorry!": Sich einfach nur kurz entschuldigen? Das ist ziemlich bequem. Besser: Begründet eure Entschuldigung und zeigt dem anderen, dass ihr es euch gut überlegt habt und wie ernst es euch ist.

Nicht nur Worte: Wenn sich in Filmen Menschen entschuldigen, dann bringen sie oft Blumen oder ein anderes Geschenk mit. Das ist kein „Bestechungsversuch". Das Geschenk soll zeigen: Es ist mir wirklich ernst! Vielleicht kannst du auch deine Entschuldigung mit einem Geschenk sichtbar machen? Aber es sollte unbedingt etwas sein, das deinem Freund Freude macht oder mit euch beiden zu tun hat. Blumen sind da vielleicht weniger geeignet …

Und wenn morgen die Sonne aufgeht,
starten wir die große Suchexpedition,
stöbern wir sie wieder auf:

alle, von denen wir schon seit Monaten nichts mehr gehört haben,
die in den Weiten des Internets untergetaucht sind,
von denen wir seit Wochen keine Nachricht mehr bekommen haben.

Schenk uns Ruhe, damit wir nicht gleich explodieren,

wenn jemand mal austickt und Beleidigungen durch den Raum schleudert.

Lass über diesen Streit Gras wachsen und viele bunte Blumen,

lass die dumme Beleidigung auf der Müllhalde verrotten.

Hilf uns, immer wieder Delete zu klicken,

wenn wir uns versöhnt haben.

Steck uns an mit Mut,

damit wir ehrlich zueinander sind,

dass wir uns immer die Wahrheit sagen können,

ohne dass jemand gleich einen Kopf kürzer gemacht wird.

Das war das letzte Mal,

dass ich aus einer Mücke einen Elefanten gemacht habe.

Hätte ich uns meine große Drama-Szene bloß erspart!

Gott, warn mich künftig rechtzeitig,

damit ich nicht beim kleinsten Missverständnis rot anlaufe

und die Fetzen fliegen.

In guten und schlechten Zeiten

„Dies ist mein Abschiedsbrief. Wenn ihr diese Zeilen lest, ist es: Schluss. Aus. Vorbei. Ich habe genug von allem und vom Leben sowieso. Macht's gut, bye, bye. Und falls ihr euch fragt, warum ich es getan habe: Hat es euch je gekümmert, was in mir vorging? Euch waren meine Gedanken zu düster und zu schwer."

Bye, Bye
----

sechs
6

Wenn dieser Brief

in deinem Briefkasten steckt, ist alles zu spät. Jemand, den du kennst und der dir vielleicht sogar nahesteht, hat sich davongemacht. „Hätte ich ihn doch nur öfter besucht" oder „Hätte ich ihn wenigstens angerufen" und viele ähnliche Sätze wandern durch den Kopf. Auch vielleicht: „Warum hat er nie was gesagt?" Man hätte ja geholfen, aber der andere lief ständig mit einem Pokerface durch die Gegend und sagte und zeigte niemandem, was in ihm vorging.

Wenn jemand einen Schnupfen hat oder sich beim Snowboarden das Bein gebrochen hat, dann wünschen ihm alle gute Besserung. Sie können nachvollziehen, dass es dem anderen nicht gut geht – sie können es ja mit eigenen Augen sehen. Die rote Nase, die heisere Stimme, der Gips am Bein ... Anders ist es, wenn jemand ständig traurig ist, dunkle Gedanken im Kopf hat oder alles negativ sieht. Das ist nicht sichtbar. Bekomme ich mit, wenn es meinen Freunden richtig dreckig geht? Niemand ist ein Röntgengerät. Kein Mensch kann in den anderen hineinsehen, selbst wenn man sich auch ganz gut kennt. Das kann auch passieren, wenn man sich blind versteht: dass jemand verschweigt, was in ihm vorgeht und was ihn belastet. Das können auch manchmal Dinge sein, die eigentlich gar nicht so dramatisch sind. Liebeskummer, Zoff mit den Eltern, Stress in der Schule. Vielleicht denkt man sich schon ein paar Tage später: War doch alles gar nicht so wild. Aber jetzt, wo man mittendrin steckt, ist es wie ein Weltuntergang. Aber das wirklich Üble dabei: Man ist irgendwie damit ganz allein – total solo. Das kennst du vielleicht selber: Manchmal würde man lieber nackt durch die Stadt spazieren, als anderen von seinen Problemen zu erzählen. Man hat Angst, dass sie einen für einen Loser oder Feigling halten. Es braucht unheimlich viel Mut, zu seinen Fehlern, Schwächen, Ängsten und Problemen zu stehen. Doch gerade, wenn

man mit jemandem befreundet ist, ist das eine Selbstverständlichkeit: Ihr könnt miteinander über alles sprechen – ohne dass ihr eine negative Reaktion oder schräge Blicke befürchten müsst. Es wird kein Auftritt von dir als „Ich-hab-nie-Angst"-Löwe oder „Bei-mir-ist-immer-alles-perfekt"-Prinzessin erwartet. Bei deinen Freunden zählt nur: Ich bin so wie ich bin, nicht perfekt, nicht fehlerlos.

Aber online? Auf Selfies und in Videos, die deine Leute von sich online stellen, sieht es natürlich immer anders aus: Da grinsen alle in die Kamera und präsentieren sich im besten Licht. Alle sehen total cool und sexy aus und umarmen sich, sodass jeder, der diese Bilder oder Videos sieht, nur noch einen Gedanken im Kopf hat: Die sind total glücklich, Probleme sind für die ein unbekanntes Land. Die „andere Seite" der Freundschaft taucht auf den Smartphone-Displays selten auf: Oder habt ihr schon mal ein Bild von euch hochgeladen, auf dem ihr total niedergeschlagen gewesen seid? Eigentlich logisch und vielleicht gut so: Manchmal hat man keine Lust, dass die ganze Community mitbekommt, wie es einem geht. Oder man fühlt sich so schlecht, dass man froh ist, wenn einen niemand zu Gesicht bekommt. Das ist auch richtig so. Auch wenn so ein falscher Eindruck entsteht, der manche unter Druck setzt. Freunde sein ist nicht nur Grinsen und abgefahrene Party-Schnappschüsse. Darf ich denn ganz offen sein und auch über alles Negative sprechen, das mich belastet? Du darfst. Ist das noch eine Freundschaft, wenn es eine Zeit lang total ernst bei uns zu- und hergeht? Auf jeden Fall. Gerade das macht Freundschaft aus. Jeder kann ein Vorbild sein. Je mehr Menschen ganz offen zu ihren Freunden sind, desto mehr bekommen sie Mut, sich anderen anzuvertrauen, wenn sie Mist gebaut haben oder wenn es ihnen dreckig geht.

Immer!
Einmal? Zweimal? Immer!

Vielleicht hast du auch schon mal ein paar Tage im Krankenhaus verbracht. Da fühlt man sich ja fast wie ein Popstar: Ständig bekommt man Besuch. Alle möglichen Leute schauen vorbei, bringen Geschenke und wollen wissen, wie es einem geht. Wenn sich der Aufenthalt im Krankenbett aber hinzieht, flacht das plötzlich ab: Immer weniger Wegbegleiter, die sich blicken lassen. Immer weniger SMS, die eintreffen. Hier sieht man dann: Die wirklich wichtigen Gefährten lassen sich oft an einer Hand abzählen. Doch gerade, wer auch noch an einen denkt, wenn es einem über längere Zeit schlecht geht oder wenn man länger krank ist, der ist kostbar. Einmal? Zweimal? Immer! Natürlich: Fast keiner verbringt gerne seine freien Nachmittage oder das Wochenende im Krankenhaus. Da gibt es wirklich angenehmere Locations. Manchmal fühlt man sich auch hilflos: Ich bin kein Arzt, ich bin kein Experte. Ich kann meinem Freund nicht helfen. Doch bei den Patienten wirken solche Besuche oft fast genauso wie Medizin. Es tut gut, wenn vertraute Menschen um einen herum sind, wenn sie einem erzählen, wenn sie sich mit einem beschäftigen, wenn sie neue Zeitschriften vorbeibringen, einen spannenden Krimi oder sogar eine Rollstuhlrallye durch die Krankenhausflure unternehmen.

Abgehauen, abgestürzt

Manchmal braucht es nur eine Sekunde und es ist alles klar. Da sitzt man im Bus, fährt durch die Stadt, starrt gedankenverloren aus dem Fenster und dann – klick – erspäht man auf der anderen Straßenseite eine Klassenkollegin von früher. Eine Sekunde, und du siehst ihr ganzes Leben vor dir: Sie auf der Straße, was ist aus ihren Träumen geworden? Wie traurig sie aussieht, ein alter Rucksack, dreckige Kleidung. Dann stimmt es also wirklich: Sie hat kein Zuhause mehr. Abgehauen, abgestürzt. Du möchtest ihr zuwinken, da fährt der Bus los und sie verschwindet aus dem Blick. Doch die Frage bleibt in deinem Kopf kleben: Hätte ich mehr für sie tun müssen? Hätte ich das verhindern können?

Viele Drogendealer, viele Mörder, viele Räuber, viele Betrüger hatten mal Freunde, vielleicht waren sie sogar von jemandem die beste Freundin, der beste Freund. Alles ganz normal und dann sind sie auf die schiefe Bahn geraten. Was würdest du tun, wenn du mitbekommst, dass einer der Freunde ein Verbrechen begeht? Soll ich petzen, dass ein Freund etwas angestellt hat? Oder sogar richtig kriminell geworden ist? Ist es mein Job, ihm klar zu machen, dass das nicht geht? Du bist kein Polizeibeamter. Du bist auch kein Richter. Du bist aber auch nicht blind und taub. Teil deinen Freunden mit, wenn du mit dem, was sie tun, nicht einverstanden bist. Mach sie darauf aufmerksam, dass das keine Lappalie sondern eine Straftat ist.

Ist dein Freund wie ein Freibad?

Möchtest du einen Freund, der vom Typ her wie ein Freibad ist – das nur bei schönem Sommerwetter geöffnet hat, doch sobald die ersten dunklen Wolken auftauchen, alle Tische und Sonnenschirme in Sicherheit bringt und bei Regen geschlossen hat? Einer richtigen Freundschaft können kein Gewitter und kein Regen etwas anhaben. Vielleicht kennst du die deutsche TV-Serie „Gute Zeiten, schlechte Zeiten". Dieser Serientitel ist eigentlich das perfekte Motto für jede Bande: Man ist für seine Freunde da, auch wenn es stürmt und hagelt, wenn sie Probleme haben, wenn sie gerade unten durch müssen. Gerade in solchen Situationen können Teams, die zusammenhalten, Wunder vollbringen. Und wenn einem Freunde helfen, solche schwierigen Situationen durchzustehen, dann kann man hinterher gemeinsam auf die Herausforderungen zurückblicken und sagen: Das haben wir gemeinsam geschafft. Wenn … oh, da will jemand was von uns:

„... Entschuldigung, hast du mal einen Euro?"

Welche Rolle spielt in eurer Freundschaft das Geld? Vielleicht springt dir gerade der Gedanke „Na logo, völlig unwichtig" durch den Kopf. Bist du hundertprozentig sicher? Dass das Thema Geld bei Weggefährten doch nicht so unbedeutend ist, zeigt sich, wenn jemand mal total abgebrannt ist oder der andere einen Multimillionärspapa oder eine -mama hat. Woran denkst du, wenn du das Wort „arm" hörst? Wahrscheinlich wie viele andere: an die Menschen weit weg in Afrika, die Slums in den Entwicklungsländern oder an Flüchtlingslager. Aber da blinkt noch eine andere Lösung auf: Auch in unserem reichen Land gibt es Menschen, die jeden Cent umdrehen und auf vieles verzichten müssen, weil ihnen einfach das Geld dafür fehlt. Die meisten von ihnen tun möglichst alles, damit es ja niemand mitbekommt. Dass die Menschen in Not solche Angst haben, die Wahrheit zu sagen, liegt an uns allen: Wir setzen uns unter Druck. Wehe, jemand hat kein Geld, sich immer die coolsten Klamotten zu leisten, weite Urlaubsreisen zu machen oder abgefahrene Konzerte zu besuchen. Jeder zeigt gerne, wie viel er hat und damit setzen wir Menschen unter Druck, die wenig oder nichts haben. Dazu kommt noch: Wer kein Geld hat, der steht oft vor verschlossenen Türen. Denn für so viele Freizeitaktivitäten, die bei jungen Leuten in sind, kommt man ohne Kohle nicht weit: Wer in einem Sportverein ist, braucht Trainingsklamotten, teure Turnschuhe, vielleicht sogar einen eigenen Hockeyschläger oder Ski – das wird richtig teuer. Wenn man abends mit Freunden weggehen will, braucht man Geld für Getränke und Snacks – selbst, wenn man sich nur bei McDonald´s trifft. Und was heißt das jetzt für eine Freundschaft?

Und was heißt das jetzt für eine Freundschaft?

Wenn jemand knapp bei Kasse ist, hilft man sich aus. Und besteht dann auch nicht drauf, dass er das Geld schon am nächsten Tag wieder zurückzahlen muss. Du hast sowieso immer etwas mehr Geld zur Verfügung als deine Kumpels? Dann lade sie doch mal ein. Aber auf keinen Fall raushängen lassen, wie viel Kohle du hast – das nervt und ist Gift für jede Freundschaft.

Bei euch allen herrscht in der Geldbörse meistens gähnende Leere? Es gibt viele Dinge, die nichts kosten: Man kann sich auch mal zum Picknick treffen und alle bringen etwas mit. Statt teurem Kinobesuch gibt es einen lustigen Filmabend zuhause. Oder an Geburtstagen sind Geschenke verboten – erlaubt sind nur: Gutscheine für gemeinsame Nachmittage.

Ihr übertrumpft euch nicht ständig mit euren neuesten Shopping-Trophäen: „Schau mal mein neues T-Shirt. Es hat sechzig Euro gekostet. Und ich hab schon wieder neue Schuhe …" Natürlich dürft ihr euch darüber freuen, aber es muss nicht ständig zum Thema gemacht werden. Denn macht es wirklich einen so großen Unterschied, ob der beste Freund zerrissene Jeans hat oder die neuesten Sneakers trägt?

Profis gesucht?

Einer Freundin von dir geht es gerade richtig mies und du bist selber komplett überfordert, weil du keinen Plan hast, wie du ihr helfen kannst? **Regel 1:** Tief durchatmen. Du bist nicht der Einzige, der sie unterstützen

kann! Manchmal sind die Probleme so massiv, dass der Rat und die Hilfe von Profis gefragt sind. Es gibt viele Angebote für Jugendliche in Not: Jugendberatungsstellen bei Problemen in der Schule, mit den Eltern, mit der Sexualität, Drogen, Geld usw. Viele von ihnen sind über eine Hotline oder per Chat zu erreichen. Und meistens kannst du dich dort total anonym melden.

Mach deine Freundin darauf aufmerksam und ermutige sie, dort Kontakt aufzunehmen. Man braucht sich auch nicht zu genieren: Die Fachleute bei diesen Hotlines und Chats nehmen alle Anliegen ernst! Die großen Vorteile: 1) Diese Angebote sind meistens kostenlos. 2) Rund um die Uhr verfügbar, also auch morgens um 4.30 Uhr. 3) Die Leute dort haben auf dem Schirm, welche Möglichkeiten es gibt, ein Problem aus der Welt zu schaffen. So komisch es vielleicht klingen mag: Manchmal fällt es leichter, mit einer Person, die man gar nicht kennt und von der man vielleicht auch nie wieder hört, über etwas zu sprechen, das einen beschäftigt. Übrigens: Sollte sich dein Freund mit Händen und Füßen wehren, eine Hotline anzurufen, dann kannst du es auch für ihn tun. Erkundige dich, wie du deinem Freund helfen kannst.

Ich will einen Tresor!

Gute Freunde sind wie ein Tresor: Sie halten dicht. Wenn man ihnen etwas anvertraut, dann kann man sicher sein, dass sie das nicht ausplaudern und dass nirgendwo etwas durchsickert. Da gibt es keine – aber wirklich absolut keine – Ausnahme. Auch eine Tresorfirma kann sich keinen Fehler erlauben: Stell dir vor, es würde bekannt, dass nicht alle Produkte von ihr sicher sind. Keiner würde mehr dort einen Tresor kaufen! Genauso ist es bei Geheimnissen. Wenn du sie einem Freund anvertraust, dann setzt du voraus, dass das nicht am nächsten Tag in der Schule die Runde macht – auch wenn du ihn nicht ausdrücklich darauf hinweist. Gerade das ist ja das Besondere an guten Freunden: Ich kann ihnen alles anvertrauen. Lehrern? Eltern? Geschwistern? Nein, manche Dinge kann man nur mit den besten Freunden besprechen. Habt ihr den „Wir-halten-dicht"-Vertrag schon unterzeichnet? Was gibt es Schöneres als eine Freundschaft, in der alle Respekt vor Geheimnissen haben? Nur hier kann ich mir alles von der Seele reden und ganz ehrlich sein.

Welches Motto passt am besten zu eurer Clique?

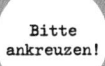

Bitte ankreuzen!

[ ] Durch dick und dünn

[ ] Uns kann man nichts anhaben

[ ] Meine All-Wetter-Gefährten

[ ] Gemeinsam besiegen wir jeden Sturm

[ ] Club „Streng-Geheim"

0 % Besserwisser-Klappe

Dein bester Freund hat ordentlich Mist gebaut? Logo, er hat das selber verbockt. Aber trotzdem musst du ihm das nicht unter die Nase reiben und ihn mit tausend Vorwürfen bombardieren: „Das habe ich dir von Anfang an gesagt, ich habe dich gewarnt ..." Wahrscheinlich hat er schon kapiert, dass er schuld daran ist.

100 % Langstrecken-Fahrten-Begleitung

In einer Freundschaft sind manchmal die Talente „Durchhalten" und „Dranbleiben" gefragt. Jemanden auf einer Kurzstrecke begleiten? Das kann jeder. Doch jemand, der einen auch bei längeren Fahrten begleitet, ist besonders kostbar. Wer es ernst meint, besucht einen Freund im Krankenhaus selbst dann, wenn ihn die anderen schon längst vergessen haben.

So übersteht ihr jedes Unwetter

Detektiv-Training: Niemand läuft mit dem Stempel „Mir geht es gerade total mies!" auf der Stirn durch die Gegend. Oft sind Detektivkenntnisse gefragt. Schau genau hin, hör genau zu, um herauszufinden, was im Innern deiner Bandenmitglieder vorgeht.

Hotline-Service: Dein Freund weiß: „Ich kann dich immer anrufen, auch nach Mitternacht oder am Sonntag." Oder hast du ihm das noch nicht eingeimpft? Dann los! Deine Hotline ist nie besetzt und auch nie „wegen Urlaub geschlossen".

Der Beipackzettel: Sirenen, die rund um die Uhr schrillen? Allein beim Gedanken daran tun einem schon die Ohren weh. Den gleichen Effekt haben Warnungen. Natürlich hat man die Aufgabe, andere auf mögliche Gefahren hinzuweisen. In der Werbung heißt das immer so schön „Für Risiken und Nebenwirkungen fragen Sie Ihren Arzt oder Apotheker!" – niemand hat Freude daran, ständig Anrufe von Ärzten und Apothekern zu bekommen, die einen mit Warnungen eindecken wollen. Sprich deine aus, aber akzeptiere, wenn deine Freunde sie in den Wind schlagen. Darauf sind die meisten allergisch: wenn einem Angst eingejagt wird.

Pokerface-Wettbewerb: Höchste Zeit, die Pokerface-Maske vom Gesicht zu reißen. Zeig offen und ehrlich, wie es dir geht und was in dir drin los ist! Du kannst der Erste sein, der den „Pokerface-

Wettbewerb" beendet. Wenn jemand den ersten Schritt macht, fassen auch andere Mut.

Bodyguard: Manchmal muss man für seine Freunde ein bisschen „Manager" oder „Bodyguard" sein: Motiviere andere Leute, sich mehr um deinen Freund zu kümmern, ihn zu besuchen und ihn zu unterstützen. Erinnere sie daran, wenn sie nicht mehr an ihn denken.

Was tun
Trost-Champions?

Aufheitern: Auf alle möglichen Arten gute Laune verbreiten. Auch wenn du dich dafür vielleicht mal zum Clown machen musst …

Erinnern: Wenn es einem schlecht geht, vergisst man sehr viel und vor allem alles Positive. Mach deine Freunde darauf aufmerksam, was sie alles schon geschafft und welche Hürden sie schon erfolgreich genommen haben.

Ablenken: Das Problem lässt sich nicht sofort aus dem Weg schieben? Dann lasst es einfach liegen und beschäftigt euch mit anderen Dingen. Lenk deine Freunde ab und bring sie auf andere Gedanken! Und manchmal landet das Problem von selbst im Straßengraben.

Zuhören: Ohren ganz weit auf, Handy aus und kein Blick auf die Uhr: Sich Zeit nehmen und zuhören!

Zeigen: Was gibt es denn noch für Möglichkeiten? Da ist immer noch ein anderer Weg, eine andere Chance … Trommle deine Freunde wach, dass es noch weitere Castings gibt, wo sie sich auch noch bewerben können.

Wenn es sein muss, fahre ich nach Wien,
nach Zürich oder sogar bis nach Berlin,
sobald ich deinen Notruf empfange.
Keine Wüste kann mich aufhalten,
kein Dschungel ist für mich zu dicht,
da sollen sich alle warm anziehen,
wenn ich für dich in den Boxring klettere.

Gott, du gibst uns die Kraft,

Berge zu versetzen, Wolken zu verschieben

oder einfach nur einen Regenschirm aufzumachen,

damit meine Freunde sich darunter verziehen können,

wenn es ihnen mal dreckig geht.

Es geht ihr gerade richtig mies
und der Abgrund ist nur noch ein paar Zentimeter entfernt,
wir haben so viel für sie getan und doch zu wenig.

Gott, ich bitte dich, erhör ihr SOS!

Ich wünsche mir Gefährten,

die mir Rettungsringe zuwerfen,

wenn mir das Wasser bis zum Hals steht,

die auch ins kälteste Wasser springen,

um mich wieder ans trockene Ufer zu ziehen.

Freundschaft baut Brücken

23:12 Uhr: Hey Gülcan, mir fallen fast die Augen zu, aber bevor ich ins Bett gehe: Danke für den heutigen Abend und dass ihr mich zu eurem Fastenbrechen eingeladen habt! Das war cool. Echt eindrücklich und spannend. Ich freue mich schon auf Weihnachten mit dir. Der Christstollen wird dir bestimmt gefallen. Und erst der Weihnachtsbaum: Du wirst beeindruckt sein! Gute N8 und Grüße an deine Familie!

Good
Night!
----

sieben
7
Kapitel 7

Morgen
Guten Morgen!

Guten Morgen, raus aus den Federn! Reib dir die Augen und schau dich um, über Nacht hat sich einiges verändert. Ja, ich kann verstehen, dass du total überrascht bist: Etwas ist anders, nicht nur hier in deiner Straße, sondern im ganzen Dorf, auch in den Metropolen – alle Menschen sind miteinander befreundet! So anders ist die Welt plötzlich. Die Nachrichtensprecherin ist ganz aufgeregt: Alle Soldaten kehren nach Hause zurück, die Waffenfirmen melden bankrott an und die Friedenskonferenzen werden abgesagt, weil sich niemand mehr bekriegt. Einverstanden, das hört sich ziemlich unrealistisch an, aber es macht deutlich: Wo Freundschaft den Ton angibt, ist kein Platz für Streit und Gewalt. Freunde sind sich friedlich gesinnt. Stell dir mal vor, alle Menschen würden mit anderen so umgehen wie du mit deinen Freunden! Freunde kommen nicht auf die Idee, sich mit Waffen zu bekämpfen oder sich unter Druck zu setzen. Und da hat jeder von uns eine wichtige Mission: Wenn wir Freundschaften leben, zeigen wir anderen, wie wichtig und wertvoll das ist. Da können noch so viele Konferenzen stattfinden (hören sich die Leute dort einander wirklich richtig zu?) und noch so viele Verträge unterzeichnet werden (Wer liest die denn überhaupt?) – das beste Mittel gegen alle Kriege auf dieser Welt ist schon bekannt. Unsere Welt braucht nicht mehr schlaue Köpfchen oder Superhelden, unsere Welt braucht Menschen, die süchtig nach Freundschaften sind.

Meine beste Freundin: Berlin!

„Kennst du schon meine beste Freundin Berlin?" Nicht nur Menschen können miteinander befreundet sein, sondern auch Städte. Ja, strenggenommen sind das dann doch auch wieder Menschen: Die Bewohner einer Stadt schließen ganz offiziell eine Freundschaft mit den Bewohnern einer anderen Stadt. Solche „Städte-Freundschaften" gibt es ganz viele. Aus einem guten Grund: Die Freundschaft soll dazu beitragen, Brücken zu bauen. Die Städte wollen sich gegenseitig helfen und besser kennenlernen. Gerade nach dem Zweiten Weltkrieg wurden viele solcher Partnerschaften gegründet. Sie haben dazu beigetragen, dass nach dem Krieg Hass abgebaut wurde, Menschen aus verschiedenen Ländern Frieden geschlossen haben und nicht mehr gegeneinander, sondern miteinander waren. Freundschaften können Brücken bauen. An wie vielen Baustellen hast du schon mitgearbeitet? Zwischen Norden und Süden, zwischen Osten und Westen … höchste Zeit, Brückenbauprojekte zu starten.

Freundschaft kennt keine Passkontrollen

Hast du schon mal die Pässe und Ausweise deiner Freunde kontrolliert? Das wäre verrückt! Solche Papiere benötigt man vielleicht, um eine Grenze zu passieren, aber für den normalen Alltag ist es eigentlich ziemlich nebensächlich, aus welchem Land jemand stammt. Vielleicht hast du Freunde, die in einem anderen Land geboren sind oder aus anderen Ländern zu uns geflüchtet sind? Jede dieser Freundschaften zeigt: Egal, ob Europa, Syrien, Türkei oder China – Freundschaft ist grenzenlos.

Leider gibt es auf unserer Welt zu viele Sofa-Helden: Gehörst du auch zu jenen, die gerne den Politikern die ganze Arbeit überlassen? Die schlechte Nachricht hat eigentlich schon längstens die Runde gemacht: Die Politiker sind oft komplett überfordert. Sie brauchen dringend deine Unterstützung! Hoch vom Sofa, in die Hände spucken und los: Auch aus Fremden können Freunde werden. Oft sind Vorurteile oder mangelnde Sprachkenntnisse dafür verantwortlich, dass wir zu manchen Menschen keinen Kontakt haben. Vor allem, wenn sie aus einem anderen Land kommen. Manche Bräuche von ihnen wirken komisch oder befremdlich. Achtung: Das ändert sich oft total schnell, wenn man mehr darüber erfährt und die anderen besser kennenlernt. Dann stellst du fest: Eigentlich sind die gar nicht viel anders als wir. Sie lachen genauso gerne wie ich, können sich genauso wie ich ein Leben ohne Sport überhaupt nicht vorstellen und bei Hausaufgaben sind wir einer Meinung: unnötig und ein-

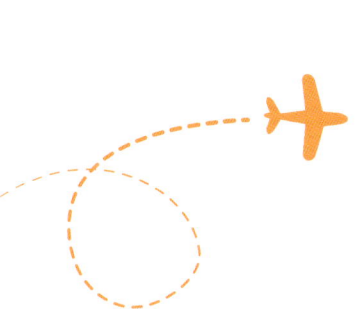

fach nur öde. Vielleicht runzeln auch die Menschen aus anderen Ländern manchmal den Kopf, wenn sie mitbekommen, wie du dein Leben lebst. „Ist doch ihr Problem", könnte man jetzt rufen. Wäre das freundlich? Auch diese Leute haben die Chance, dein Leben kennenzulernen: Lade sie ein, nimm sie mit und mach einen Rundgang durch dein Leben! Vielleicht lässt du sie mal Weihnachten oder Ostern mit deiner Familie feiern?

0 % Richtig oder falsch?

Gut oder schlecht? Bei solchen Fragen ist die Antwort eh schon klar: Einer von beiden zieht den Kürzeren, einer von beiden ist der Loser. Es geht nicht darum, was besser ist. Beides ist genauso gut. Spannendere Antworten gibt es auf die Fragen: Was sind die Gemeinsamkeiten? Was ist ähnlich?

100 % Meine ganz persönliche Meinung

Nachplappern tun nur Papageien. Willst du so einer sein? Gerade, wenn es um Menschen aus anderen Ländern geht, wird unheimlich viel nachgeplappert. Vorurteile von Nachbarn oder aus dem Fernsehen werden weiterverbreitet, bis schließlich jeder glaubt: Die sind wirklich so! Du machst es anders: Du vertraust auf deine eigenen Erfahrungen.

So baut ihr mit Freundschaften Brücken

Einer von Millionen: Du liest in den News, dass ein „Ausländer" ein Verbrechen begangen hat? Oder du erlebst sogar selber etwas Negatives mit einem Menschen aus einem anderen Land? In jedem Land gibt es Verbrecher. Doch das ist kein Grund, von einem gleich auf alle zu schließen. Oder hältst du alle Österreicher, alle Deutschen und Schweizer für Übeltäter, nur weil dir manche aus deiner Heimat nicht sympathisch sind?

Imbiss-International: Trefft euch zu einem ganz besonderen Event: Alle bringen ein typisches Gericht aus ihrer Heimat mit. Während ihr die verschiedenen Speisen kostet, erzählt jeder mehr über die Bedeutung des Gerichtes.

Kommentare um die Welt: Heute ist es total einfach, mit Menschen auf der ganzen Welt in Kontakt zu kommen. Mit einem Klick bist du in einem anderen Land, in einem anderen Leben – so viele Blogs, in denen andere Leute über ihr Leben berichten. Reinklicken, reinlesen und mit anderen in Kontakt treten.

Info-Weltmeister: Vorurteile und Ängste basieren oft auf Menschen, die nicht informiert sind. Wer sich informiert über andere Länder, Kulturen und Religionen, weiß mehr und versteht die Zusammenhänge. Da draußen warten ganz viele Infos auf dich, mach dich auf die Suche!

Film ab! Es gibt viele unterhaltsame Filme, die die verschiedenen Religionen und Kulturen thematisieren. Schaut euch gemeinsam einen Film an und sprecht anschließend miteinander.

Lass diese Erfindung die Welt erobern: Freundschaft!

Dass sie selbst im Hinterhof Rios,

auf dem Markt von Beirut und auf dem Kahn vor Shanghai

nicht nur kurz auf Smartphones aufblinkt,

sondern schon von jedem Kind gelebt wird.

Frankreich // Russland // Estland // Ungarn // Nigeria // Deutschland
Schweiz // China // Haiti // Australien // Finnland // Türkei

In der Wüste von Ägypten, in den Bars von New York
am Strand von Ibiza
und ganz oben in den Hochhäusern von Tokio
ertappen wir alle beim gleichen:
Sie warten auf ihre besten Freunde.

Während ich da oben all die Lichter betrachte,
habe ich nur einen Wunsch an dich, Gott:

Lass es allen Menschen auf der Welt,

die jetzt auch die Sterne sehen, gehen wie mir:
Freundschaft ist die größte Kraft, die beste Macht,

deshalb leben wir sie jetzt noch intensiver!

Das beste Geschenk

Bieten Sie mit: „Freundschaft"

Zustand: Neu

Details: Rund um die Uhr anwendbar, international zugelassen, für jede Jahreszeit, für drinnen und draußen, für Schule, Freizeit, Sport und Konzerte Sofort kaufen

Mitbieten - aktuelles Höchstgebot: EUR 156.--

Angebot läuft noch: 12 h 04 m 21 s

Auktion

Kapitel 8

acht
8

Fahrräder, Snowboards, Schuhe ...

So ziemlich alles kann heute im Internet ersteigert werden. Doch keiner kommt auf die Idee, dort den Artikel „Freundschaft" anzubieten. Oder hast du ihn schon mal online entdeckt? Das wäre wohl absurd und vor allem: unbezahlbar! Freundschaft ist kostbar und trotzdem – oder vielleicht gerade deshalb – kann man sie nirgends kaufen. Freundschaft ist wie ein Geschenk. Alle, die Teil von deinem Team sind, sind wie ein Päckchen unter dem Weihnachtsbaum. Aber keine einmalige Angelegenheit, dieses besondere „Päckchen" kannst du immer wieder öffnen und den Inhalt jedes Mal neu entdecken.

Was tust du, wenn du ein Geschenk bekommst? Danke sagen, eine SMS oder WhatsApp-Nachricht schreiben? Ein Geschenk ist eine nette Geste, aber alles andere als selbstverständlich. Wahrscheinlich wachsen auch in deinem Garten keine Diamanten. Diamanten sind selten und unheimlich schwierig zu entdecken. Manche Rapper protzen mit ihren Edelsteinen, aber wahrscheinlich schließen sie sie in der Nacht dann doch in ihrem Tresor ein: Auf Diamanten muss man gut aufpassen. Wie sehr achtest du auf die „Diamanten" in deinem Leben, deine Freunde? Gerade, wenn du wieder mal das Gefühl hast, so vieles wäre nicht okay, du hättest immer Pech und dir würden tausend Dinge fehlen, lohnt es sich, die Lupe in die Hand zu nehmen und dir deine besonderen „Diamanten" vor Augen zu

halten. Viele Leute vergessen: Freunde sind das Beste, das es gibt. Eigentlich könnte man ständig mit einem breiten Smiley durch die Gegend laufen … Hast du dich schon mal bei deinen Alltagshelden für die tolle Freundschaft bedankt – ihnen dafür Danke gesagt, dass du immer wieder von ihnen dieses „Päckchen" erhältst und wie froh du bist, dass sie Teil deines Lebens sind?

Danke

Danke,

Bitte
ankreuzen!

[ ] dass sie über das Gleiche lachen können wie ich

[ ] dass sie mich nehmen, wie ich bin

[ ] dass sie meine Ticks akzeptieren

[ ] dass ich auch die ganz ernsten Dinge mit ihnen diskutieren kann

[ ] für jede gemeinsam verbrachte Pause auf dem Schulhof

[ ] für die vielen coolen Videos, auf die sie mich schon aufmerksam gemacht haben

[ ] dass sie mich nie vergessen

[ ] dass ihnen für mich kein Weg zu weit, kein Berg zu hoch ist

... und für diese 3 schönen Erlebnisse von uns:

Bitte
reinschreiben!

1 ....

2 ....

3 ....

60 Minuten, die Zeit läuft ab jetzt ...

Das war jetzt bestimmt ein Kinderspiel! Denn eigentlich ist eine Freundschaft schon nach ein paar Jahren so etwas wie YouTube: ein riesiger Pool aus Erinnerungen. Wenn man mal anfängt, sich zu erinnern, was man schon für verrückte Dinge miteinander erlebt hat, dann fallen einem immer wieder andere Erlebnisse ein. Du bist ja schon fast ein Freundschaftsprofi, deshalb können wir das gleich testen: Nimm dir jetzt 60 Minuten Zeit und mach eine lange Liste mit tollen Erlebnissen. Schnapp dir ein leeres Blatt oder ein Tagebuch und los gehts!

... Kompliment, da ist dir aber echt eine Menge eingefallen! Vielleicht ist dir dabei auch folgender Gedanke durch den Kopf geflitzt: Echt verrückt, wie viel Schönes man mit seinen „Lieblingsmenschen" erleben kann und eigentlich stellt das so ziemlich alles in den Schatten.

Und hast du dich auch schon mal bei Gott dafür bedankt, dass er deine Freunde und dich zusammengeführt hat? Es gibt so viele Menschen auf dieser Welt – und doch seid gerade ihr zwei, drei ... euch über den Weg gelaufen, habt in euren Rucksäcken viele Gemeinsamkeiten entdeckt und seid nun schon eine Weile miteinander unterwegs. Wirklich ein Glück! Wie öde das Leben als „Solo-Team" wäre. Die ganze Zeit nur mit sich selber quatschen, alleine Fussballspielen, niemand, der mich zum Lachen bringt, niemanden, den ich auf abgefahrene Katzenvideos aufmerksam machen kann, und was, wenn ich bei den Matheaufgaben wieder mal nur Bahnhof verstehe? Gott möchte nicht, dass wir alleine sind und vor lauter Einsamkeit erfrieren. Er stellt uns Freunde an die Seite, damit wir Ge-

meinschaft erleben, damit wir alle glücklichen und traurigen Erfahrungen mit anderen teilen können. Vielleicht hast du dich schon mal gefragt: Warum hat mir Gott gerade diesen Menschen geschickt? Oftmals freundet man sich mit gewissen Leuten ja nicht so schnell an oder ein Typ ist einem unsympathisch – erinnerst du dich noch an das erste Kapitel in diesem Buch (ab S. 6)? Gut möglich, dass Gott uns gerade die Menschen schickt, die für uns wichtig sind und genau zu uns passen. Deshalb lohnt es sich, jedem eine zweite oder dritte Chance zu geben und dabei herauszufinden, ob ihr vielleicht nicht doch noch Gemeinsamkeiten entdeckt und sich der andere als passender „Weggefährte" entpuppt.

Wie in der Mukibude

Jeden Abend um sechs ist Tim im Training. Schwitzen, rennen, biegen, stemmen, schnaufen, ächzen. Wer so viele Gewichte stemmen möchte, der braucht jede Menge Power. Nach jedem Gerät folgt ein Blick in den Spiegel: Die Muskeln sind wieder etwas ausgeprägter. Blick auf das Display des Laufbandes: Wieder ein paar Meter mehr pro Minute geschafft. Bist du auch sportlich und könntest dir ein Leben ohne Fitness nicht vorstellen? Trainierst du nur deinen Körper – oder auch deine Freundschaft? Im Gegensatz zu Geburtstags- oder Weihnachtsgeschenken, bei

denen man einfach darauf wartet, dass das Gewünschte eintrifft, ist das Geschenk Freundschaft auch eine Aufgabe, bei der es nicht ohne Training geht. Alle müssen etwas tun, damit aus einer einfachen „Bekanntschaft" eine „richtige" Freundschaft wird. Was alles dazugehört, hast du schon in den bisherigen Kapiteln dieses Buches erfahren. Vielleicht lässt sich Freundschaft tatsächlich mit Fitnesstraining vergleichen: Sportler, die regelmäßig trainieren, haben mehr Ausdauer, wenn es mal anstrengend wird, ihnen geht nicht so schnell die Puste aus und dank ihren Muskeln wirft sie nicht gleich jede Last um ... Kondition und Muskeln fallen nicht vom Himmel, auch für Freundschaft muss „trainiert" werden. Natürlich ist „Freundsein" kein Leistungssport: Wer schafft mehr, wer hat die größten Muskeln, den durchtrainiertesten Körper? Aber es gehört einfach dazu, dass man manchmal auch die Zähne zusammenbeißen muss. Vielleicht muss man sich ab und zu auch überwinden, wenn einem die wichtigsten Personen total auf die Nerven gehen und man am liebsten nichts mehr mit ihnen zu tun haben möchte. Wie bei einem Sport zahlt sich auch bei einer Freundschaft das Durchhalten aus. Man wird belohnt mit Menschen, bei denen man sich wohl fühlt, denen man vertrauen kann, die einen auffangen und die alles für einen tun würden.

Die Hilfe für Durststrecken

Eine gute Freundschaft benötigt Einsatz und Training. Doch du bist dabei kein Einzelkämpfer: Du darfst darauf vertrauen, dass der Heilige Geist gerade in einer Freundschaft besonders aktiv dabei ist. Gott schickt ihn als Unterstützung. Der Heilige Geist schweißt euch zusammen, er hilft, euch immer wieder zusammenzuraufen. Er gibt euch Gelassenheit, wenn ihr total sauer auf den anderen seid oder eure Freunde euch versetzt haben und ihr umsonst eine halbe Stunde im Regen warten musstet. Gerade, wenn sich eure Freundschaft in einer Durststrecke befindet und jemand von euch vielleicht auf halber Strecke aus dem „Aufzug" aussteigen möchte, kann es sich lohnen, abzuwarten und den Heiligen Geist um Hilfe zu bitten. Logisch: Freundschaft sorgt manchmal für richtiges Kopfzerbrechen. Zoff mit der besten Freundin, einsam, weil man keine Freunde findet … Gott und der Heilige Geist können da für einen „klaren" Kopf sorgen. Such dir einen ruhigen Platz und erzähl ihm, was dich gerade beschäftigt …

„Auf uns!" heißt ein Song von Andreas Bourani. Der Song ist eine Hymne an die Freundschaft. Freundschaft ist das größte aller Geschenke. Machst du dich und deine Freunde immer wieder darauf aufmerksam? Lasst Luftballons in den Himmel steigen, zündet die Kerzen an, lasst eine rauschende Party steigen und prostet euch zu: Auf die Freundschaft! Auf alles, was uns zusammenhält! Freundschaft ist das, was uns trägt. Freundschaft nicht nur für heute, sondern auch für morgen, für immer und ewig.

Nächtelang und meilenweit mit dir:

lachen, quatschen, weinen, denken, rocken, zaubern, hoffen, kreischen, staunen, schweigen, rennen, die Wolken beobachten, dem Gras beim Wachsen zusehen, abtauchen, durchdrehen, die Fassung verlieren und immer: total ich selber sein, ungeschminkt und unverstellt, einfach echt

o Prozent Show, 100 Prozent ich.

Bist du dabei?

Und irgendwann will ich mit euch bis zum Mond,

reisen um die ganze Welt, Party in Saint-Tropez,

wenn ihr heiratet, halte ich alles mit dem Smartphone fest.

Meine Crew, ich habe noch eine Menge mit euch vor!

Nachts auf der Tanzfläche, wo die bunten Lichter tanzen,
in der Schlange bei der Fastfood-Filiale mit knurrendem Magen,
im Stadion, wenn die Nationalmannschaft spielt –
überall will ich hin mit euch, alles will ich erleben mit euch,
alle Gefahren vernichten, alle Höhepunkte feiern zusammen mit euch,
seid meine Gefährten durch mein Leben!

Mit 16 sage ich: Ihr seid meine Crew!

Mit 40 sage ich: Immer wieder, noch weiter, viel mehr!

Mit 80 stelle ich schmunzelnd fest: Tatsächlich –

wir sind Freunde fürs Leben!